하룻밤에 독파하는
필수 경영지식 A to Z!

보이는 노트
비즈니스
명저 100

히라노 아쓰시 칼 감수 | 정혜원 옮김

데이원

독서를 통해
저명한 경영자와 학자들을 만난다!

'경영서 같은 걸 읽을 여유는 없다!'

과거의 저는 그렇게 생각했습니다. 업무에 직접 관련된 서적은 읽었지만 그 밖의 경영서는 읽지 않았습니다. 왜냐하면 일이 너무 바쁜 터라 하도 피곤해서 책을 읽을 시간도 없었기 때문입니다. 하지만 나중에 그것이 대단한 착각임을 깨달았습니다.

저는 이미 30권 이상의 경영서를 냈지만, 사실 출판사의 의뢰 때문에 이 책에 소개된 명저라 불리는 경영서를 마지못해 읽기 시작한 부분도 있습니다. 그리고 그때 비로소 깨달았습니다.

'경영서를 읽었어야 하는구나!'

즉, 정말로 도움되는 경영서를 읽어 두었다면 일의 효율은 더 오르고 부하 직원과의 관계라든지 경영도 수월했을 텐데, 창업할 때도 고생하지 않았을 텐데, 하고 말입니다.

나중에 후회해 봤자 소용없습니다. 따라서 지금의 젊은 사람들에게는 그런 고생을 시키고 싶지 않으니 무리를 해서라도 이 책에서 소개하는 명저 중 흥미로워 보이는 책을 시간 내어 읽어 보셨으면 합니다. 저 자신은 책을 읽을 때 '하나라도 얻는 게 있다면 그것으로 충분히 본전은 건졌다'라고 생각합니다. 도서관을 이용하는 것도 한 방법입니다.

오랜 세월에 걸쳐 꾸준히 읽혀 온 책들이 결국 명저가 되는 것 같습니다. 저는 이런 명저를 반복해서 읽는 것이 유행하는 책을 읽는 것보다 유익하지 않나 싶습니다. 물론 비즈니스는 늘 환경의 변화에 영향을 받습니다. 기술의 눈부신 진보나 사람들의 생활환경 변화 등에 따라 비즈니스에도 늘 변화가 요구됩니다. 하지만 한편으로 그 근본에 있는 진리는 변하지 않는 것 또한 사실이겠지요. 그것이 고전이라 일컬어지는 명저가 존재하는 이유라고 생각합니다. 명저를 반복해서 읽는 것의 메리트는 실제 체험하여 자신의 경험이 늘어나면 같은 책이라도 이해가 더 깊어질 수 있다는 점입니다. 젊었을 때는 딱 와닿지 않았던 책도 어느 정도 경험을 쌓고 나서 읽으면 '옳거니, 그런 말이었구나!' 싶어 무심코 무릎을 치게 될 것입니다.

책을 읽는 것의 메리트란 자기가 아닌 누군가의 인생을 불과 몇 시간 만에 경험할 수 있다는 점, 귀중한 체험을 할 수 있다는 점이 아닌가 싶습니다. 저명한 경영자나 학자와 직접 이야기하기는 어려울지라도 책을 통해 대화하는 일은 가능합니다. 그것들을 배움으로써 풍요로운 인생을 사는 데 필요한 노하우와 지식을 얻을 수 있지 않나 생각합니다.

이 책에서 소개하는 도서들은 저명한 서평가이신 도이 에이지 씨, 하시모토 다다아키 씨 등 신뢰할 수 있는 분의 저서를 참고해 정리했습니다. 경영학, 기업전략, 매니지먼트, 마케팅, 파이낸스부터 업무기술, 자기계발, 나아가 비즈니스 교양에 이르기까지 이해하기 쉬운 일러스트로 소개합니다. 읽으면서 '10년 후, 20년 후의 비즈니스' 등의 키워드로 머릿속에 입력되었는지 여부를 체크하시면 효과적일 겁니다.

일러스트를 보기만 해도 개념을 이해할 수 있다는 것이 이 책의 콘셉트이기 때문에 소개할 수 있는 내용이 한정적입니다. 조금이라도 흥미로워 보이는 책이 있다면 부디 그 책을 읽어 봐 주십시오.

이 책을 계기로 당신의 인생이 풍요로워지기를 바랍니다.

히라노 아쓰시 칼
아타미 테라스에서

칼 경영학교 www.carlbusinessschool.com
트위터 @Carlhirano

하룻밤에 독파하는
필수 경영지식 A to Z!

보이는 노트
비즈니스 명저 100
Contents

Chapter 1
10년 후,
20년 후의 비즈니스

Chapter 2
앞으로 일하는 데 필요한 것

Chapter 3
업무기술·자기계발

Chapter 4
경영학 지식

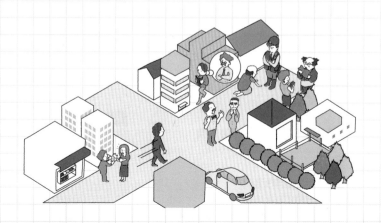

Chapter 5
비즈니스 교양

Column

10년 후,
20년 후의 비즈니스

LIFE 3.0

정보기술의 진보, 자연 재해나 미지의 바이러스 등
사회를 둘러싼 상황은 나날이 새로워지고 있다.
비즈니스의 형태도 극적으로 변화한다.

맥스 테그마크의 라이프 3.0
인공지능이 열어갈 인류와 생명의 미래

저자: 맥스 테그마크 / 역자: 백우진 / 출판사: 동아시아

진화 과정에 의지해 온 '라이프 1.0', 현대 인간이 속한 '라이프 2.0', 그리고 AI의 등장 후 맞이할 '라이프 3.0' 시대를 앞두고 다양한 시나리오를 제시한다.

라이프 2.0인 인간은 생물학적으로 수명이나 계산 능력 등에 한계가 있지만, 문화와 지식 전파에 의해 경이로운 속도로 진화를 이루었다. 이것이 돌연변이나 환경 적응에 따른 진화에 의지해 온 라이프 1.0과의 차이이다. 그리고 라이프 3.0은 생물학적인 한계를 뛰어넘는다. 언제일지는 몰라도 인간보다 현명한 인공지능이 라이프 3.0을 낳을 것이다. 그렇다면 라이프 2.0인 인간은 라이프 3.0과 어떤 관계를 맺으면 좋을까?

LIFE 1.0

약 38억 년 전에 시작된 생물의 시대로, 현재 지상에 있는 모든 생물이 이에 해당한다고 할 수 있다.

LIFE 2.0

모든 생물 중에서 과거 10만 년 동안 인류만이 획득한 문화적 단계. 느린 걸음으로 진화 과정을 밟는 게 아니라 발명과 진보에 의해 종의 번영을 구축해 왔다.

저자 테그마크는 디스토피아 시나리오를 이야기하는 한편 인류에 친화적인 인공지능을 낳기 위해서는 지금부터 준비해야 한다고 주장한다. 나아가 수억 년 뒤로까지 이야기를 확장하여 우주 시대에 대해서도 언급한다. 인간이 관측할 수 있고 접근할 수 있는 범위 내의 우주에는 고도의 지각능력을 가진 생명체가 우리밖에 없어서, 우주의 무기질적인 활동에 유일하게 인간만이 의미를 부여한다고 이야기한다.

LIFE 1.0-3.0까지의 과정

LIFE 3.0

소프트웨어뿐만 아니라 하드웨어도 스스로 디자인할 수 있는 기술적 단계에 도달한 AI. LIFE 2.0까지와는 달리 폭발적인 진보가 단숨에 이루어진다고 하며, 다음 세기에 실현될 것으로 예상된다.

경영의 미래 (개정판)

저자: 게리 해멀, 빌 브린 / 역자: 권영설, 김종식, 신희철 / 출판사: 세종서적

현장이 생각하고 결단하고 책임진다. 그런 참신한 경영 관리로 성공한 기업을 분석하여 미래의 기업 경영의 모습을 그린다.

기업을 둘러싼 환경은 전에 없이 변화하고 있다. 업계를 견인하는 기업과 경쟁 서열이 빈번하게 뒤바뀌고 아웃소싱, 인터넷 활용으로 신규 사업을 재빨리 궤도에 올릴 수 있게 되었다. 그런 만큼 비즈니스 모델의 수명은 짧다. 어지럽게 변화하는 세상에서는 업무 면에서의 효율과 전략 면에서의 적응력을 높이고 참신한 혁신으로 이익을 확보해야 한다.

경영관리 혁신의 3가지 도전 과제

❶ 변혁 속도를 따라갈 수 있는 빠릿빠릿한 회사를 구축

요즘 시대는 기업 전략도 비즈니스 모델도 영구적인 것이 아니라 모두 일시적인 것이 되었다. 21세기 기업에 있어 가장 중요한 물음은 '세계에 뒤지지 않는 속도로 변화하고 있는가'이다.

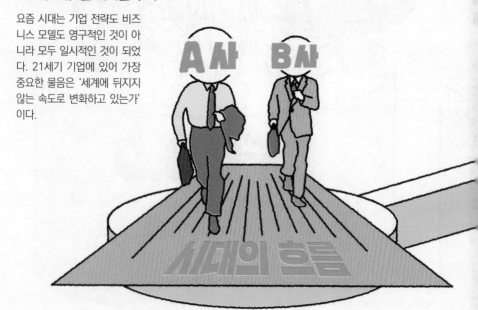

기존 기업이 신흥 기업을 앞서기 위해서는 직원을 격려하여 최고의 힘을 발휘하게 하는 '경영관리의 변혁'에 힘써야 한다. 경영관리는 '목표를 설정하고 그에 도달하기 위한 계획을 세운다', '동기를 부여하여 노력의 방향을 일치시킨다', '인재를 개발·임명한다', '자원을 축적·분배한다' 등으로 구성된다. 이 요소들을 극적으로 변화시키는 데는 세 가지 도전 과제가 있다.

❸ 전 직원이 자신의 능력을 최고로 발휘할 수 있는 환경 구축

기존 조직에 있던 규율, 시간 엄수, 경제성, 합리성, 질서 등 인간 본연의 유연함과 창조력을 고갈시키는 요소를 폐기하고, 직원의 자유를 확대하여 능력을 이끌어 낼 방법을 생각해야 한다.

100%

❷ 혁신에 전 직원이 힘쓴다

혁신은 기업이 살아남는 유일한 방법이다. 사내의 모두가 혁신 활동에 참여함으로써 기업은 성공의 지속 기간을 늘릴 수 있다.

▶ W.L.고어 & 어소시에이트

'고어텍스'를 개발하여 의류품부터 의료 제품까지 폭넓은 상품을 취급하는 이 회사는 '상사는 없지만 리더는 많이 있는 조직의 구축', '자유롭게 실험할 수 있는 조직', '그러나 엄격한 요구', '대규모이지만 친밀감 있는 조직'이라는 4가지 특징으로 성공을 지속하고 있다.

장르 ▶ 자기계발   초판 발행 ▶ 2015년

03 누가 내 치즈를 옮겼을까? [개정판]

당신의 인생에서 일어나게 될 변화에 대응하는 확실한 방법!

저자: 스펜서 존슨 / 역자: 이영진 / 출판사: 진명출판사

세계 정상의 기업이 신입사원 필독서로 언급하는 베스트셀러. 일본에서도 종종 붐이 일어나 경영서 중에서도 유수의 지명도를 자랑하는 명저이다.

하버드 비즈니스 스쿨의 명예회원인 의사 스펜서 존슨의 저서이다. 생쥐 두 마리와 꼬마 인간 두 명은 미로 속에서 치즈를 발견하지만 어느 날 치즈가 사라져 버린다. 망연자실하는 꼬마 인간과 본능에 따라 새로운 치즈를 찾는 생쥐들, 그리고 현 상황의 타파에 나선 다른 꼬마 인간 한 명의 모습을 통해 잃어버린 것에 얽매이지 않고 액션을 취하는 것의 중요성을 이야기한다.

치즈=우리 인생의 목적

어느 날, 생쥐 두 마리와 꼬마 인간 두 명은 산더미 같은 치즈를 발견한다.

그러던 어느 날 갑자기 치즈는 사라져 버렸고, 생쥐들은 곧장 다른 장소로 치즈를 찾으러 갔지만 꼬마 인간들은 그 자리에서 한탄했다.

치즈란 일, 재산, 건강, 가족 등 인생에 필요한 것의 비유이다. 그리고 미로는 회사, 지역 사회, 가정 등 치즈를 쫓는 장소이며 생쥐와 꼬마 인간은 급격한 변화에 직면했을 때의 당신 자신의 모습이다. 성공에 매달리느라 행동하지 못한 꼬마 인간과 변화에 대처하고 자 노력한 꼬마 인간, 변화를 알아차린 생쥐와 빠르게 행동한 생쥐, 당신은 어떤 타입 일까?

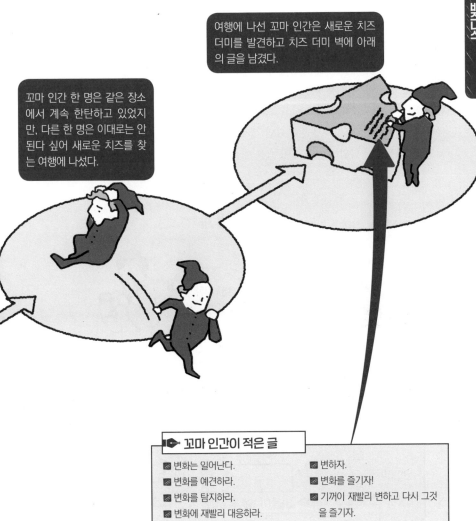

여행에 나선 꼬마 인간은 새로운 치즈 더미를 발견하고 치즈 더미 벽에 아래 의 글을 남겼다.

꼬마 인간 한 명은 같은 장소 에서 계속 한탄하고 있었지 만, 다른 한 명은 이대로는 안 된다 싶어 새로운 치즈를 찾 는 여행에 나섰다.

✒ 꼬마 인간이 적은 글

▨ 변화는 일어난다.
▨ 변화를 예견하라.
▨ 변화를 탐지하라.
▨ 변화에 재빨리 대응하라.

▨ 변하자.
▨ 변화를 즐기자!
▨ 기꺼이 재빨리 변하고 다시 그것
　을 즐기자.

04 FREE 프리

비트 경제와 공짜 가격이 만드는 혁명적 미래

저자: 크리스 앤더슨 / 역자: 정준희 / 출판사: 랜덤하우스코리아

머지않은 미래에 모든 기업이 '프리(free)'하게 경쟁해야만 하는 시대가 도래할 것이다. 이전과 다른 이익을 낳는 전략을 이 책에서 파악하자.

2009년에 발간된 『FREE 프리』는 당시 온라인 세계에서 상식이 되어 가던 '공짜'라는 개념을 세상에 널리 알린 세계적인 베스트셀러이다. 당시의 온라인 세계에서는 디지털 콘텐츠를 '공짜'로 제공하고 새로운 고객층을 획득하여 성공하는 기업이 증가하고 있었다. 공짜에 의거한 비즈니스 모델은 온라인 세계를 박차고 나와 현실 세계의 모든 비즈니스에 '공짜 경제'를 파급할 것이라고 이 책은 예언한다.

프리의 세계

어? 싸다!!

비용이 1년 후 50% 감소

기술의 진보가 '공짜 경제'를 가능케 했다. 정보처리능력의 비용은 2년마다 반감하고, 통신대역폭과 저장용량의 비용은 그 이상의 속도로 내려간다. 이 디플레이션율은 연 50%에 육박해 비용은 1년 만에 절반으로 줄어들게 된다.

많은 소비자는 아주 작은 금액일지라도 값이 매겨지면 구입을 망설인다. 그것은 값이 매겨짐으로써 선택을 종용하기 때문이다. 우리는 그 상품이 정말로 필요한지 스스로에게 묻고 확인하게 된다. 이것을 '심리적 거래비용'이라고 한다. 인간은 천성이 게을러서 가급적 생각하려 하지 않는다. 따라서 생각하지 않아도 되는 것을 고르기 십상이다. 『FREE 프리』는 결단을 앞당김으로써 상품을 써 보려는 사람, 즉 잠재 고객을 찾아 준다.

프리미엄

> 여기부터 유료입니다.

> 지금은 무료입니다.

▶ 프리미엄의 4가지 모델

시간 제한 (예: 30일간 무료, 그 후에는 유료)

기능 제한 (예: 기본 기능판은 무료, 확장판은 유료)

인원 제한 (예: 일정 인원은 무료로 쓸 수 있지만
그 이상의 인원은 유료)

고객 타입에 따른 제한 (예: 소규모 기업은 무료이고
그 외의 기업은 유료)

플랫폼 전략

장(場)을 가진 자가 미래의 부를 지배한다

저자: 안드레이 학주, 히라노 아쓰시 칼 / 역자: 천채정 / 출판사: 더숲

구글, 아마존, 라쿠텐 등 세계를 제패하는 힘 있는 기업은 저마다 독자적인 '장'을 만들어 성공을 거둬 왔다.

'플랫폼 전략'이란 구글, 아마존, 라쿠텐 등이 채택한 전략으로 다양한 그룹을 모아 '장(場)'을 만들어 새로운 부가가치를 창조하는 비즈니스 모델을 말한다. 이 책에서는 라쿠텐 시장, i모드를 비롯한 다양한 사례를 들어 전략의 개요, '이길 수 있는 플랫폼'을 만드는 포인트, 플랫폼의 구축 단계를 설명한다.

어떤 업종, 어떤 가치관을 제공할 것인지 명확히 하자.

예를 들어 많은 소매점이 라쿠텐에서 다양한 상품을 판매하고 있는데, 이는 라쿠텐이 직접 판매하는 것이 아니다. 말하자면 다양한 점포를 라쿠텐이라는 '장'에 모아 놓으면 그 간판에 고객이 모여드는 것이다. 이러한 '장'을 플랫폼이라고 부른다. 여러 그룹을 연결하여 부가가치를 만드는 것이 플랫폼 전략의 골자이다. 여러 그룹의 수요를 중개하여 그 상호작용을 통해 경제권을 만드는 것이 중요하다.

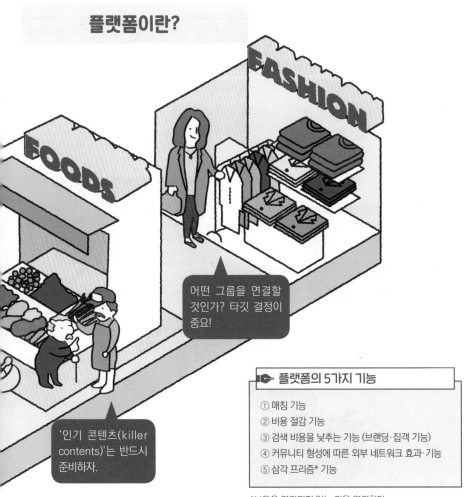

플랫폼이란?

어떤 그룹을 연결할 것인가? 타깃 결정이 중요!

'인기 콘텐츠(killer contents)'는 반드시 준비하자.

🔶 플랫폼의 5가지 기능

① 매칭 기능
② 비용 절감 기능
③ 검색 비용을 낮추는 기능 (브랜딩·집객 기능)
④ 커뮤니티 형성에 따른 외부 네트워크 효과·기능
⑤ 삼각 프리즘* 기능

*보통은 연결되지 않는 것을 연결한다.
(빛의 반사 방향을 바꾸는 프리즘처럼, 언뜻 보면 서로 직접적인 상호작용이 일어나지 않을 것 같은 두 개 이상의 그룹을 서로 연결해 주는 기능을 한다. — 편집자 주)

장르 경영   초판 발행 2018년

플랫폼 제국의 미래

구글, 아마존, 페이스북, 애플 그리고 새로운 승자

저자: 스콧 갤러웨이 / 역자: 이경식 / 출판사: 비즈니스북스

구글, 애플, 페이스북, 아마존. 네 개의 초대형 테크놀로지 기업이 인류의 생활이나 비즈니스 룰을 근본부터 바꿀 거라고 시사하는 예언서이다.

GAFA(구글, 애플, 페이스북, 아마존)는 과거 20년에 걸쳐 역사상 유례없는 기쁨, 유대, 번영, 발명을 인류에 가져다주었다. 제품과 서비스가 연결되었고, 그 인프라에는 무려 수십억 명의 생활이 달려 있다. 하지만 그 네 기사(騎士)가 가져다준 것은 혜택뿐만이 아니다. 그 서비스를 받는 사람들은 그들의 실태를 보지 못한 채 개인 정보를 공유하고 프라이버시를 내놓는다. 과연 그들은 인류를 행복하게 할까?

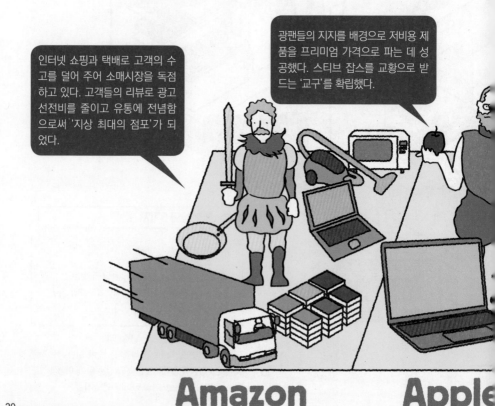

네 기사는 무한한 자본을 바탕으로 임금과 브랜드력을 통해 전 세계에서 우수한 인재를 흡수했고, 그 결과 어떠한 라이벌에도 꿈쩍하지 않는 큰 몸집을 손에 넣었다. GAFA 이후의 세계, 대규모 인재와 금융자본이 집중된 세상을 사는 개인은 어떤 경력을 쌓아 나갈 것인가. 이 책에서는 '소수의 지배자와 다수의 농노가 사는 세계'라는 냉혹한 비전을 제시한다.

GAFA가 바꾼 세계

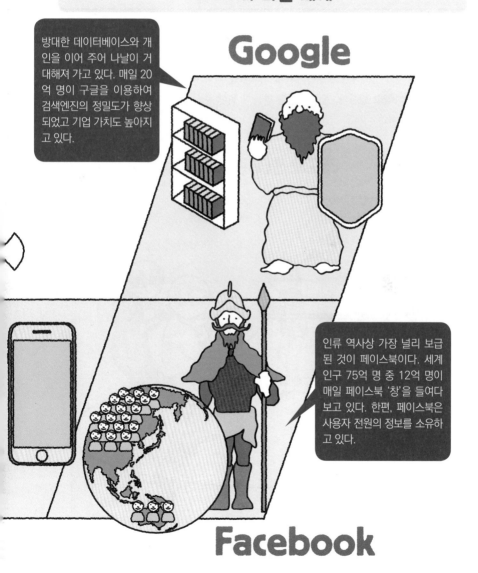

방대한 데이터베이스와 개인을 이어 주어 나날이 거대해져 가고 있다. 매일 20억 명이 구글을 이용하여 검색엔진의 정밀도가 향상되었고 기업 가치도 높아지고 있다.

인류 역사상 가장 널리 보급된 것이 페이스북이다. 세계 인구 75억 명 중 12억 명이 매일 페이스북 '창'을 들여다보고 있다. 한편, 페이스북은 사용자 전원의 정보를 소유하고 있다.

블루오션 전략 (확장판)

경쟁 없는 시장 공간을 창조해 경쟁을 무의미하게 만드는 법

저자: 김위찬, 르네 마보안 / 역자: 김현정, 이수경 / 출판사: 교보문고

기존 마켓의 쟁탈전에서 벗어나 경쟁 없는 새로운 시장을 만들어 성공한다. 미지의 시장을 창조하는 '블루오션 전략'이란?

저비용, 차별화, 브랜딩……. 지금까지 다양한 시장 전략이 등장했지만 하나의 시장에서 유사 상품으로 라이벌과 경쟁하는 이상 제 살 깎기 싸움은 피할 수 없다. 이 책은 피로 피를 씻는 싸움이 벌어지는 '붉은 바다(레드오션)'를 떠나 미개척 바다인 '푸른 바다(블루오션)'를 창조하라고 권한다. 블루오션을 만들기 위한 분석 방법과 특유의 원칙 등이 상세히 설명되어 있다.

블루오션의 창조에는 업계 분석이 필수이다. 그를 위한 툴에는 3가지가 있다. '전략 캔버스', '4가지 액션', '액션 매트릭스'이다. 경쟁사가 무엇을 강점으로 하며 고객은 어떤 이점을 누리는지 분석(전략 캔버스)하고, 그것을 토대로 제공할 가치를 재검토하기 위해 4가지 물음(4가지 액션)에 대해 생각하며, 그를 보완할 매트릭스(액션 매트릭스)로 분석을 심화한다.

블루오션

전략 캔버스

고급 와인과도 저가 와인과도 경쟁하지 않기 위해 맥주나 칵테일을 대신할 와인 브랜드로 승부한다.

4가지 액션

고급 와인보다도 저비용, 저가격인 와인과 다투지 않는 새로운 가치관을 창조한다.

4가지 액션 요소를 구체적으로 생각해 내어 업계 최초로 급성장을 달성한다!

액션 매트릭스

블루오션의 좋은 예: QB 하우스

'10분에 1,000엔 커트'로 저가 이발관이라는 시장을 개척한 QB 하우스. 이발소나 미용실의 서비스에서 철저히 군더더기를 배제하고 시간에 대한 직원들의 의식을 높이기 위해 급여는 '분급'으로 계산한다. 설비 투자 절감과 싼 임대료를 통해, 10분에 1,000엔의 매출, 즉 1시간당 6,000엔의 매출을 실현했다. 다른 곳의 이발비가 보통 1시간에 3,000~4,000엔임을 감안하면 시간당 단가는 사실 QB 하우스가 더 높다. 필요한 최소한의 서비스와 낮은 가격, 시간 단축으로 이발 업계의 블루오션을 개척한 것이다.

08 위 제너레이션

다음 10년을 지배할 머니 코드

저자: 레이철 보츠먼, 루 로저스 / 역자: 이은진 / 출판사: 모멘텀

대량 소비라는 '환상'을 벗어난 지금, 인터넷, 그리고 소셜 네트워크 덕분에 가능해진 '공유'라는 새로운 경제 환경 모델이란?

우리의 라이프 스타일이 그간 대량 소비를 기본으로 발전해 왔다면, 이제는 인터넷 및 소셜 네트워크의 진보와 함께 극적으로 변화하고 있다. 예를 들어 카 셰어링이나 셰어 하우스 등 자산을 '공유'하여 이용하는 방법이 정착해 가고 있다. '셰어'를 기본으로 한 이런 움직임을 다양한 사례를 들어 예견하듯 소개한 것이 이 책이다. 더 나아가, 우리에게 '소유욕을 채우는 것이 정말 행복한지' 묻는다.

PSS(제품-서비스 통합 시스템)

매월 일정액으로 좋아하는 옷을 마음껏 대여한다!

정해진 금액을 내면 영화·드라마를 마음껏 볼 수 있다.

'공유=셰어'라는 개념이 큰 흐름이 된 역사적 배경에는 1950년대에 퍼진 '과잉 소비주의'가 지역사회의 커뮤니케이션을 파괴했다는 전제가 있다. 그러나 경제성장이 한계에 이르면서 다시 가족, 친구, 이웃 간에 자원을 공유하는 '협력적 소비'에 참여하는 사람들이 늘어나기 시작했다. 이 협력적 소비는 '제품-서비스 통합 시스템', '재분배 시장', '협력적 라이프 스타일'의 세 타입으로 분류된다.

협력적 소비의 3가지 타입

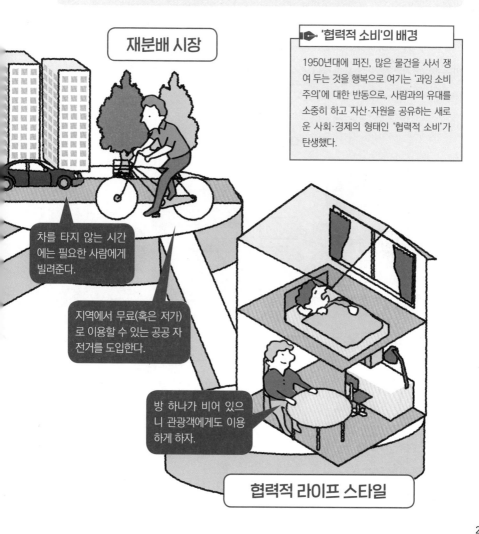

재분배 시장

'협력적 소비'의 배경

1950년대에 퍼진, 많은 물건을 사서 쟁여 두는 것을 행복으로 여기는 '과잉 소비주의'에 대한 반동으로, 사람과의 유대를 소중히 하고 자산·자원을 공유하는 새로운 사회·경제의 형태인 '협력적 소비'가 탄생했다.

차를 타지 않는 시간에는 필요한 사람에게 빌려준다.

지역에서 무료(혹은 저가)로 이용할 수 있는 공공 자전거를 도입한다.

방 하나가 비어 있으니 관광객에게도 이용하게 하자.

협력적 라이프 스타일

장르 경영   초판 발행 2011년

영속 성장 기업의 비밀 6

흔들리는 시장에서 미래를 만드는

저자: 마이클 A. 쿠수마노 / 역자: 정성묵 / 출판사: 21세기북스

경쟁력과 지속력을 유지하며 업계 톱으로 군림할 수 있는 위대한 기업으로 남은 배경에는 '6가지 법칙'이 있었다.

반세기에 걸쳐 동종 타사를 얼씬도 못 하게 해 온 기업이 몇 곳 존재한다. 그런 위업을 달성하려면 치열한 경쟁 속에서 갖춰야 하는 것이 있다. 마이클 쿠수마노는 마이크로소프트와 도요타, 인텔, 애플 등 여러 기업에 대해 연구를 거듭해 왔다. 그리고 '계속 군림하는 힘'을 기르기 위해 불가결한 전략, '군림하는 기업의 「6가지 법칙」'을 밝혔다.

6가지 법칙

❻ 효율성뿐만 아니라 '유연성'도 중시한다.

❺ 규모만이 아니라 '범위'도 중시한다.

❹ 무시만이 아니라 풀(pull)도 중시한다.

6가지 법칙

❸ 전략만이 아니라 '역량'도 중시한다.

❷ 제품만이 아니라 '서비스'도 중시한다.

❶ 제품만이 아니라 '플랫폼'도 중시한다.

10 피터 드러커·매니지먼트

저자: 피터 드러커 / 역자: 남상진 / 청림출판

매니지먼트는 프로페셔널한 일 중 하나이다. 조직의 목표를 설정하는 데 필요한
5가지 능력을 인식하지 못하면 매니지먼트로서의 성과는 애매해진다.

매니지먼트에는 목표를 넓고 깊은 시각으로 마주하여 구체적이고 정확하게 설정하는 능
력이 요구된다. 목표를 제대로 설정하기 위해서는 목표가 어때야 하는지를 알아야 한다.
드러커는 이 책에서 목표 설정에 대해 '조직으로서의 성과를 축으로, 다양한 시각에서 적
절한 목표를 설정하는 능력이 필요하다'라고 말한다. 그리고 그에 필요한 5가지 능력을
꼽는다.

매니지먼트에 필요한 5가지 능력

④ 평가 측정 능력
구성원의 이상, 목적,
욕구, 수요를 이해하
고 그것을 만족시키
는 시책이 필요하다.

① 목표를 설정하는 능력
각 부서의 성과·목표를 반
영하고 조직 전체의 목표를
각 부서에 공유한다.

⑤ 문제 해결 능력
결정과 행동에 대한
판단 시 장기와 단기,
양쪽의 시점·시야가
필요하다.

② 조직화하는 능력
각자가 가진 인적 자원의
강점을 발휘하게 하고 약점
을 해소하게 한다.

③ 커뮤니케이션 능력
커뮤니케이션을 '지각', '기
대', '요구'로 정의하고 그
이용법을 연구한다.

11 성장과 혁신 [개정판]

100년을 성장하는 기업들의 창조적 파괴 전략

저자: 클레이튼 크리스텐슨, 마이클 레이너 / 역자: 딜로이트 컨설팅 코리아 / 출판사: 세종서적

자사의 핵심 사업이 성숙한 뒤에 새로운 사업을 발견하고 발전시키기란 매우 어렵다. 신규 사업을 발전시키는 방법을 업계 일인자가 전수한다.

기업이 계속 성장하려면 새로운 사업을 발견해야 한다. 그 키워드가 되는 것이 '파괴적 혁신'이다. 이 책에서는 혁신에 '존속적 혁신'과 '파괴적 혁신'의 2가지가 있다고 말한다. 이전 제품을 계속 보완하는 것이 '존속적 혁신'이라면, 기존 제품만큼 훌륭하지는 않더라도 심플하고 저렴한 제품을 내놓아 시장을 파괴하는 것이 '파괴적 혁신'이다.

존속적 혁신과 파괴적 혁신

존속적 혁신

파괴적 혁신

신시장형
(LCC 등)

로엔드형
(대중을 위한 자동차 등)

이전 제품을 보완하여 '하이엔드 (high-end)' 수요에 부응해 나가는 혁신 형태이다.

소비가 없는 상황에 새로운 시장을 낳는 '신시장형'과, 성능은 떨어지지만 값은 싼 제품을 기존 시장에 제공하는 '로엔드(low-end)형'의 두 종류가 있다.

12 리버스 이노베이션
머나먼 타국에서 창조하고, 전세계 모든 곳에서 성공한다.

저자: 비제이 고빈다라잔, 크리스 트림블 / 역자: 이은경 / 출판사: 정혜

신흥개발국에서 처음 만들어진 혁신을 선진국으로 역류시키면 시장에 극적인 변화가 초래된다. 그 커다란 가능성이란?

'1,000엔을 쓸 수 있는 1명이 아니라 100엔을 쓸 수 있는 10명을 상정해야 한다'. 이 책은 일본 경제계의 리더들을 향해 그렇게 주의를 촉구한다. 신흥개발국에 맞는 혁신이, 선진국에서는 무시되어 온 시장을 발견하고 틈새 수요를 발굴할 열쇠로 작용할 수 있다는 것이다. 다국적 기업 P&G, 인도에서 출시된 GE 헬스케어의 휴대용 심전계 등 풍부한 사례를 곁들여 소개한다.

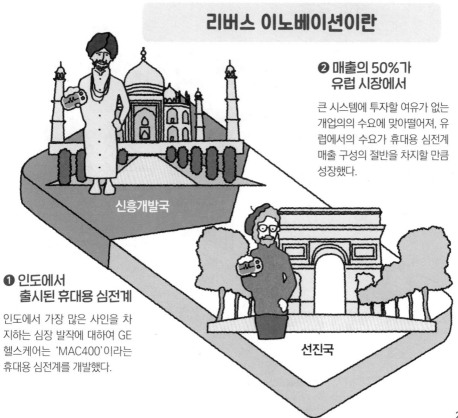

리버스 이노베이션이란

❷ 매출의 50%가 유럽 시장에서

큰 시스템에 투자할 여유가 없는 개업의의 수요에 맞아떨어져, 유럽에서의 수요가 휴대용 심전계 매출 구성의 절반을 차지할 만큼 성장했다.

신흥개발국

선진국

❶ 인도에서 출시된 휴대용 심전계

인도에서 가장 많은 사인을 차지하는 심장 발작에 대하여 GE 헬스케어는 'MAC400'이라는 휴대용 심전계를 개발했다.

게임 체인저

시장을 통째로 바꾸는

저자: A. G. 래플리, 램 차란 / 역자: 정성묵 / 출판사: 21세기북스

약육강식의 시장에서는 오늘의 히트 상품이 내일은 한물간 콘텐츠가 되는 경우도 드물지 않다. 기업의 생존 전략을 P&G의 경영 방법에서 모색한다.

저자에 의하면 P&G의 원칙은 '혁신'이라고 한다. 오늘날의 시장에서는 잇따라 경쟁 상대에게 이기려면 계속해서 매출을 증대하고 이익을 확대해야 한다. 혁신은 연구개발 부문만의 일이 아니다. 경영의 근간을 이루는 것이다. 혁신 중심의 경영을 하는 데는 3가지 포인트와 그 전제가 되는 5가지 틀이 중요하다.

그레이트풀 데드에게 배우는 마케팅
(Marketing Lessons from the Grateful Dead)

모든 기업이 가장 상징적인 밴드로부터 배울 수 있는 것

저자: 데이비드 미어먼 스콧, 브라이언 핼리건 / 출판사: 존 와일리 & 선즈

전설적인 밴드 '그레이트풀 데드'의 선진적이고도 참신한 마케팅을 배워 본다.

1960년대 중반에 결성되어 1970년대에 활동했던 그레이트풀 데드는 당시 활약했던 다른 록 밴드와는 정반대의 방법으로 이익을 냈다. 그 방법은 콘서트에서의 녹음 자유, 파격적인 팬 대우, 데이터베이스 마케팅 등 19가지 전략으로 정리할 수 있다. 이는 프리미엄 브랜드 등 현대의 마케팅 전략에서 지겹도록 강조되는 것들인데, 그 당시 이미 이러한 전략을 선보인 그레이트풀 데드의 선견지명에 그저 경의를 표할 따름이다.

그레이트풀 데드가 40년 전에 썼던 전략의 4가지 예

가장 충실한 팬에 맞추어 기획한다
기획 시에는 충실한 팬을 어떻게 육성하고 우대할지 생각해야 한다.

무료 콘서트

고객과 직접 소통한다
중간업자를 배제하여 확보할 수 있는 이익을 늘리고 제품의 가격과 수요곡선을 조정. 소비자에 대한 투명성도 담보한다.

콘텐츠를 쉽게 퍼뜨릴 수 있도록 만든다
팬에 의한 콘텐츠 확산 등을 적극 허용하여 자신들의 브랜드를 알린다.

체험판을 만든다
무료 버전을 유료 버전으로 업그레이드하게 한다.

장르 경영   초판 발행 2015년

DEO의 시대가 온다

디자인적 사고로 인재관리, 시스템, 경영을 새롭게 모색하는

저자: 마리아 쥬디스, 크리스토퍼 아일랜드 / 역자: 박준형 / 출판사: 마일스톤

다가올 시대의 리더에게는 창조력을 이용하여 문제를 해결하는 능력이 요구된다. 그것은 바로 '연결고리를 이해하는' 능력이다.

변화가 극심한 현대에 현상 유지만을 계속 선택하면 자사의 입지가 변화하고 만다. 기존 기업에서 바람직하게 여겨져 온 리더의 선형적(linear) 사고, 정확함, 매뉴얼주의로는 이 시대에 대응할 수 없다. 따라서 언뜻 연결고리가 없어 보이는 현상의 배경에 있는 것을 간파하여 효과적으로 대처할 수 있는 '시스템적 사고'를 가진 'DEO(Design Executive Officer)'가 필요하다. DEO에게는 6가지 특징이 있다.

DEO의 6가지 특징

❺ 사회적 지능이 높다
타인의 감정을 파악하는 능력(사회적 인식)과 집단 속에서 잘 처신하는 능력(사회적 기술)이 어우러져 있다.

❹ 직관력이 높다
자기 안에 좋은 질문을 갖고 있으므로 직관에 능하다.

❻ 행동이 빠르다
계획에 시간을 들이는 것을 꺼려 공들인 계획서를 불신한다.

네 말이 맞아.

아하!

사장님, 정말 괜찮을까요?

오늘부터 슈트 금지야.

A와 B의 공통점은….

❶ 변화를 일으킨다
미래의 비전이 보이므로 현재에 불만을 느낀다.

❷ 리스크를 감수한다
새로운 것을 창조하기 위해서는 리스크를 피해 갈 수 없다.

❸ 시스템적 사고를 한다
상상력을 발휘하여 눈에 보이지 않는 것 간의 '연결고리'를 이해한다.

비즈니스에 유용한 고전①

『군주론』

Point 1 상황이야말로 항상 최선책을 결정한다

용의주도한 인물이 둘 있어도 하나는 성공하고 다른 하나는 실패하듯이 성공과 실패는 시대와 상황이 맞아떨어지는가 아닌가'로 결정된다. 영고성쇠와 마찬가지로, 인내심이 강한 군주도 시대에 맞으면 번영하지만 상황이 변하면 쇠락한다. 이는 군주가 삶의 방식을 바꾸지 않기 때문으로, 즉각 대응할 수 있는 현명한 인간은 드물다.

Point 2 원망을 사는 일 없이 두려움의 대상이 되어라

사랑을 받으면서도 두려움의 대상이 되는 게 이상적이지만 모두 택할 수 없을 때라면 군주는 '두려움의 대상이 되는' 편이 좋다. 너그러운 태도를 보이면 상대는 얕잡아 보고 가끔 필요한 위엄이 발휘되면 반발한다. 한편, 평소 두려움의 대상인 군주가 드물게 너그러움을 보이면 인간은 흠모하는 법이다. 사랑받을 수 없다면 원망을 사지 않고 두려움의 대상이 되는 것이 최고이다.

Point 3 　방어는 냉혹하게

∙∙

나라를 지키고 질서를 유지하기 위해 냉혹함을 발휘하는 자는 그로써 나라가 유지된다면 오히려 자비로운 사람이다. 악명을 피하기 위해 나라를 혼란에 빠뜨리는 자는 온 영지민을 다치게 하는 악이다. 명장 한니발은 많은 인덕과 철저한 냉혹함을 겸비하여 대군을 통솔했다. 세상일은 대개 운명에 지배되지만, 그렇다고 '운명에 모든 것을 맡기는' 태도로 인간의 자유의사를 빼앗기면 안 된다. 운명이 세상일의 절반을 멋대로 정한다 해도 나머지 절반은 우리의 지배에 맡겨져 있기 때문이다. 운명은 저항력이 없는 곳에서 맹위를 떨치므로 '스스로의 의지'를 발휘하라. 운명의 여신이 가진 '기회'를 살리는 데는 거친 행동력이 유효하다.

Point 4 　군주는 스스로 도모하라

∙∙

애정은 상대방의 변덕에 의지해야 하지만 두려움은 군주 스스로가 도모하여 능동적으로 얻을 수 있다. 지배자는 스스로의 위치를 지키기 위해 행운에 의지하는 게 아니라 스스로 도모하여 그 지위를 공고히 해야 한다. 날씨가 좋은 날에 태풍을 예상하지 않는 것은 인간의 공통된 약점이지만, 군주 된 자는 문제가 일어나기 전에 그것을 예견하여 문제가 작을 때 재빨리 대처해야 한다. 문제는 질병과도 같아서 상황을 명확히 알 즈음에는 늦으니까 말이다. 『군주론』은 '군주로서의 뛰어난 연기'가 필요함을 강조한다. 나라를 잃게 되는 것보다 '악을 멋지게 연기하는 군주'를 두는 편이 영지민은 행복하다.

Check

짚고 넘어가자!

10년 후, 20년 후의 비즈니스

KEY WORD

라이프 3.0

38억 년 전에 시작된 라이프 1.0은 모든 동식물이 해당되는 생물학적 단계, 라이프 2.0은 10만 년 전 등장한 인류만이 획득한 문화적 단계, 그리고 라이프 3.0은 AI가 '자신의 소프트웨어뿐만 아니라 하드웨어도 디자인하는' 일이 가능해지는, 다가올 기술적 단계를 가리킨다. 조물주 같은 AGI(Artificial General Intelligence)가 출현할 가능성은 단정할 수 없지만, 라이프 3.0은 다음 세기에는 실현될 것으로 보인다. 라이프 3.0에서는 2.0까지와는 달리 생명이 더듬어 온 진화 순서를 밟을 필요가 없다. 그러므로 단번에 폭발적으로 진보하여 예측 불가의 무시무시한 일이 일어날 가능성이 지적된다. 그러나 비관에 사로잡혀 AI의 진보를 막는 것 또한 어리석은 선택이다.

GAFA, GAFAM

가파(GAFA), 가팜(GAFAM), 빅 테크(Big Tech), 테크 자이언츠(Tech Giants), 팡(FAANG) 등 그 호칭은 여러 가지이다. IT 업계의 거대하면서도 지배적·독점적인 기업을 보도할 때 쓰이는 말이다. 그런데 여담이지만 GAFA, GAFAM은 본국인 미국에서는 거의 사용되지 않는다. 일본에서 자주 들을 수 있는 GAFA는 구글·아마존·페이스북·애플의 4개사를 가리키고, GAFAM은 그에 마이크로소프트를 더한 5개사를 가리킨다. 참고로 이 책에 소개된 『플랫폼 제국의 미래』의 일본판 제목은 『the four GAFA』인데, 원제에 GAFA라는 말은 없다. 일본에서 번역될 때 출판사가 추가한 것이다. 이 기업들은 단순히 IT 업계의 대기업에 머무르지 않고 세계에 큰 영향을 미치고 있다.

블루오션 전략

전쟁이 없는 미개척 시장인 '블루오션(푸른 바다, 경쟁 상대가 없는 영역)'을 개척해야 한다고 말한다. 그러기 위해서는 자기 업계에서의 일반적인 기능 중 무언가를 '줄이거나', '빼고', 특정 기능을 '늘리거나' 새로 '더해서' 기업과 고객 모두의 가치를 향상하는, 전에 없던 '가치혁신'이 필요하다고 주장한다.

셰어

재화나 서비스 등의 자원을 공동으로 이용하고 인관관계를 맺으며 커뮤니티도 운영한다. 넓은 의미에서는 증여나 상호부조도 포함된다. 인터넷상의 공유경제로는 오픈소스와 프리웨어가 존재하고, 초기 프로젝트로는 GNU 프로젝트가 있다. 자원을 유효하게 활용하기 위한 상업 서비스와 결합하는 경우가 있는데 교통기관 면에서는 카 셰어링, 근로환경 면에서는 코워킹, 금융 면에서는 크라우드 펀딩 등의 사업이 이루어지고 있다.

플랫폼 전략

플랫폼 비즈니스, 혹은 플랫폼 사업이란 '여러 개의 관련 그룹을 장 또는 무대(플랫폼)에 올림으로써 외부 네트워크 효과를 낳아, 한 기업이라는 틀을 넘어 새 사업의 생태계(ecosystem)를 만드는' 경영 전략을 말한다.

앞으로 일하는 데 필요한 것

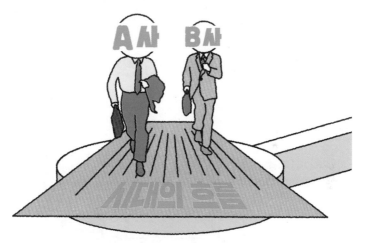

세계가 점점 복잡해져 가면서
우리의 업무 방식에도 상황에 맞는 변화가 요구되고 있다.
앞으로의 시대를 살아남는 데 필요한 것이란?

01 일의 미래

10년 후, 나는 어디서 누구와 어떤 일을 하고 있을까

저자: 린다 그래튼 / 역자: 조성숙 / 출판사: 생각연구소

이제는 손이 닿을 것만 같은 근미래가 된 2025년. 기술의 더 큰 발달이 예상되는 이 해에 근무 방식은 어떻게 변화해 있을까?

기술 발전, 글로벌화 진행, 인구 구성의 변화 및 수명 증가, 사회 변화, 에너지·환경 문제의 심각화. 이 5가지 요인으로부터 우리가 미래에 맞이할 근무 방식의 부정적·긍정적 시나리오를 2025년을 사는 사람들의 시각으로 그린다. 부정적인 시나리오는 늘 시간에 쫓기고, 고립되고, 번영에서 소외되고, 승자가 부를 독식하는 '무기력한 미래'를 예견한다.

근무 방식의 3가지 변화

첫 번째 변화

넓고 얕은 지식을 가진 제너럴리스트는 구글 및 위키피디아와 경쟁해야 한다. 희소한 전문 기술을 익히는 것이 중요하다.

한편, 긍정적인 시나리오에는 어떤 미래가 제시되어 있을까? 5가지 요인에서 도출된 긍정적인 시나리오에 따르면 '협력'이 이루어지고, 개인이 적극 사회에 관여하고, 작은 기업가가 활약하는 '주체적인 미래'가 된다고 한다. 그 미래를 구축하기 위해서는 근무 방식에 3가지 변화(shift)를 일으켜야 한다고 말한다.

세 번째 변화

3가지 변화 중에서도 가장 달성하기 힘들다. 보람과 열정을 느끼며 긍정적인 경험을 쌓을 수 있는 직업으로 바꾸고 '돈을 벌어 소비한다'라는 발상에서 벗어나야 한다.

이 리스트가 이 거리의 미래를 바꿀 거야!

자네의 아이디어와 제휴를 맺겠네.

오늘은 어떤 일이 있었니?

인터넷 공간에 의견을 물어보자.

두 번째 변화

소규모 두뇌 집단 '포시(posse)', 아이디어를 낳는 '빅 아이디어 크라우드(big idea crowd)', 휴식을 주는 '자기 회복 커뮤니티' 등 의식적·주체적으로 네트워크를 구축할 필요가 있다.

정의란 무엇인가

저자: 마이클 샌델 / 역자: 김명철 / 출판사: 와이즈베리

'한 명을 죽이면 다섯 명이 살 수 있는 상황이라면 그 한 사람을 죽여야 할까?'
저자는 궁극적인 물음으로서 '정의란 무엇인가?'를 제시한다.

정의의 의미를 모색하는 데에는 공리주의적 관점(최대 행복), 자유지상주의적 관점(자유
존중), 충성심의 딜레마에서 보는 관점(미덕 촉진)의 3가지 접근 방식이 있다. 공리주의
의 도덕원리는 행복, 즉 고통에 대한 쾌락의 비율을 최대화하는 데 있다. 이 원칙은 만족
의 총합으로 흐르기 쉬워 가끔 개인을 무시하곤 한다.

정의를 모색하는 3가지 접근법

도덕에서 가장 존중되는 원리는 고
통에 대한 쾌락(=행복)의 비율을 최
대화하는 것이라는 이념.

이 배는 5명까지는 탈 수
있어도 6명이 타면 가라앉
는다.

배에 타지 않으면
파도에 휩쓸려 죽
는다.

주의

공리

자유지상주의자가 주장하는 자기소유권 개념이 받아들여질 경우 장기 매매나 자살 방조 등 현대를 사는 우리의 윤리관을 파괴할 수도 있는 반도덕적인 행위까지 용인되고 만다. 물론 개인의 자유는 최대한 인정되어야 하지만. 여기서 화제에 오르는 것이 충성심의 딜레마이다. 우리 사회가 공유하는 선(善)은 가끔 개인의 자유와 대립할 때가 있다. 개인의 자유를 인정하면서 도덕적·종교적 신념에도 우리는 주의를 기울여야 한다.

안전벨트는 우리의 안전을 지켜 주지만, 자유지상주의자에게는 자유를 제한하는 것이기도 하다.

개인의 자유를 중시하는 입장에서 제약 없는 시장을 지지하므로 '안전을 위한 안전벨트 착용 의무화' 등의 법률을 거부한다.

우리가 스스로 선에 대해 생각할 때 아이덴티티와 커뮤니티의 선에 대해 생각하는 것이 중요하다.

가족, 친구 간에 지는 책임과 연대, 지역 커뮤니티에 대한 충성심과 귀속 의식 등이 없으면 인생의 의미를 이해하기 힘들다.

충성심의 딜레마

03 빌 캠벨, 실리콘밸리의 위대한 코치

저자: 에릭 슈미트, 조너선 로젠버그, 앨런 이글 / 역자: 김민주, 이엽 / 출판사: 김영사

구글, 애플, 아마존 등 경영자들을 뒷받침한 전설의 코치 빌 캠벨의 가르침이 적힌 코칭 바이블이다.

스티브 잡스나 에릭 슈미트, 래리 페이지 등 실리콘밸리의 많은 창업가를 그늘에서 뒷받침한 인물 빌 캠벨. 2016년에 열린 그의 추모식에는 기술업계의 저명인사를 비롯하여 1,000명 이상의 사람이 참석했다고 한다. 미식축구 코치 출신이라는 그의 경력은 실리콘밸리에 코치라는 형태로 받아들여졌고 그는 그늘에서 많은 성공자를 뒷받침하여 신뢰받는 인물이 되었다.

매니저는 직함이 만들고
리더는 사람이 만든다
- 제1원칙으로 사람들을 이끈다.
- 상품은 모든 것에 우선한다.
- 이단아를 받아들인다.

'심리적 안정감'이
잠재 능력을 이끌어 낸다
- 신뢰는 '겉치레'가 아니다.
- '완전한 솔직함'을 몸에 익힌다.
- '용기'의 전도사가 된다.

캠벨의 코칭은 그이기에 가능한 부분이 많지만 그 근저에서 기본이 되는 것은 코칭에 뜻을 둔 모든 사람에게 필요한 것이다. 바로 '관계하는 사람에 대한 깊은 사랑'이다. 그는 언뜻 보기에 무기질적인 조직에야말로 '사랑'이 중요하다고 말한다. 효율성이나 합리성만이 우선된다고 오해받기 십상인 거대 기술회사의 버팀목은 의외로 인간다운 요소였던 셈이다.

빌 캠벨의 5가지 가르침

비즈니스에 사랑을 담아라

- '다정한 조직'이 된다.
- 언제나 커뮤니티를 돌본다.
- 창업자를 사랑한다.

팀 최적화가 문제 해결의 지름길이다

- '올바른 선수'를 발견한다.
- '가장 큰 문제'에 파고든다.
- '올바르게' 승리한다.

성공을 재는 척도는?

- 비즈니스를 성공시키는 열쇠.
- 리더는 '행동'으로 그 자리를 쟁취한다.
- '인간적인 가치'가 성공으로 이어진다.

04 프리 에이전트의 시대

저자: 다니엘 핑크 / 역자: 석기용 / 출판사: 에코리브르

집을 거점 삼아 홀로 창업한다. 임시직이나 프리랜서로 일한다. 이처럼 조직에 얽매이지 않는 프리 에이전트가 늘고 있다.

미국 경제를 상징했던 '조직 인간(organization man)'은 큰 조직을 위해 개인적인 목표를 묵살했고 그 대가로 조직은 수입과 고용의 안정을 공급했다. 그러나 1990년대에 미국의 산업과 지역에서 근본적인 변화가 일어났다. 많은 근로자가 고용이라는 근로 형태를 버리고 새로운 근로 방식인 '프리 에이전트'를 낳기 시작한 것이다.

프리 에이전트 사회의 미래 예상도

2001년 당시 미국에는 재택 교육을 받는 아이가 170만 명 있었는데 이러한 '탈학교화' 경향은 더 진행될 것이다.

'정년퇴직'이라는 개념이 과거의 것이 되어 사람들은 65세 이후에도 계속 프리 에이전트로 일할 것이다.

'프리 에이전트'란 어떤 사람들의 어떤 근로 방식일까. 그들은 '프리랜서', '임시직', '초소형 사업자'의 3가지로 분류된다. 이 노동인구는 미국에서만 3,300만 명(2001년 기준)에 이르는데 미국 전체 노동인구의 4분의 1에 해당한다. 이런 경향이 진행된 결과 맞이하게 될 미래는 4가지 시나리오로 생각할 수 있다.

스마트한 생각들

사람의 마음을 움직이는 52가지 심리 법칙

저자: 롤프 도벨리 / 역자: 두행숙 / 출판사: 걷는나무

인생의 수수께끼를 푸는 원칙이나 원리는 존재하지 않는다. 저자는 인생의 질을
향상시킬지도 모르는 52가지 사고방식을 이야기한다.

누구나 타인의 평가를 신경 쓴다. 그러나 아무리 타인의 호감을 산다고 해도 그것이 자
신의 인생에 주는 영향은 의외로 적다. 타인의 평가를 신경 쓰지 말고 자신이 납득할 수
있는 삶을 지향하는 것이 중요하다. 일상에서는 타인에게 '작은 부탁'을 받고 깊이 생각
하지 않고 수락했다가 나중에 후회할 때가 많다. 남의 부탁을 거절하지 못하는 '호감 편
향'은 '상호 이타주의'라는 심리로 설명된다.

예를 들어 침팬지는 자신이 얻은 먹잇감을 혈족이 아닌 동료와도 나눠 먹는다. 이는 다음번에 제 몫이 떨어질 것을 대비한 행동으로, 과거를 기억할 수 있는 동물에게서 두드러진다. 인류는 이 특성을 이어받고 발전시켜 타자와 협력관계를 쌓고 현재의 번영을 구축했다고도 할 수 있다. 하지만 그런 '호의'를 받아들였다가는 갚아야 할 '의무'를 느껴 부탁을 거절하지 못하는 함정에 빠질 수 있다.

인생의 질을 향상하는 법칙 3개조

청년들의 점심 식사 실태에 대하여 A군의 의견을 들려주게.

앞으로 유행할 라면 가게는 여기야.

이 사람의 혀와 감각은 믿을 수 있어.

모르겠습니다.

방대한 양의 정보 속에는 도움이 되는 것과 안 되는 것이 있고, 세상에 넘쳐 나는 정보 대부분은 도움이 안 된다. 넘쳐 나는 정보 속에서 자신에게 가치 있는 정보, 믿을 수 있는 발신자를 찾기 위한 선택이 필요하다.

다른 사람이 의견을 물어 왔을 때 '①잘 아는 것과 흥미가 있는 것에는 의견을 말한다' '②모르는 건 모른다고 대답한다'라는 룰에 따르면 근거에 기초한 발언이 늘어나서 지적인 인상을 줄 수 있다.

린 스타트업

지속적 혁신을 실현하는 창업의 과학

저자: 에릭 리스 / 역자: 이창수, 송우일 / 출판사: 인사이트

고객의 얼굴이 보이지 않아서 어떤 제품·서비스를 제공해야 할지조차 모르는 스타트업 기업에는 그에 적합한 매니지먼트 방법이 필요하다.

스타트업 기업의 구축과 조직의 구축은 같은 의미를 가진다. 창업을 할 때 매니지먼트는 피할 수 없는데 기존의 창업가들은 일반적인 매니지먼트 방법으로 문제에 대처하려 했다. 벤처기업을 세울 때 발생하는 혼란이나 불확실성과 마주하려면 혁신적인 매니지먼트 기반을 확립할 필요가 있으며, 그것이야말로 '린 스타트업'이다.

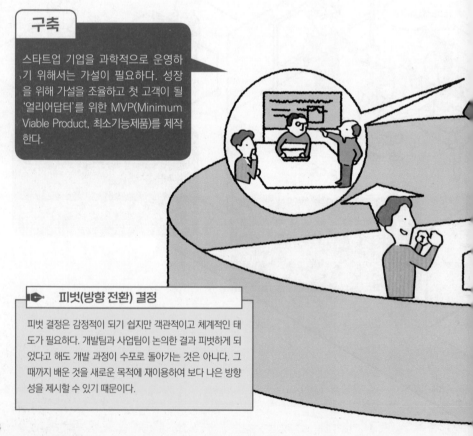

구축

스타트업 기업을 과학적으로 운영하기 위해서는 가설이 필요하다. 성장을 위해 가설을 조율하고 첫 고객이 될 '얼리어답터'를 위한 MVP(Minimum Viable Product, 최소기능제품)를 제작한다.

피벗(방향 전환) 결정

피벗 결정은 감정적이 되기 쉽지만 객관적이고 체계적인 태도가 필요하다. 개발팀과 사업팀이 논의한 결과 피벗하게 되었다고 해도 개발 과정이 수포로 돌아가는 것은 아니다. 그때까지 배운 것을 새로운 목적에 재이용하여 보다 나은 방향성을 제시할 수 있기 때문이다.

'린 스타트업'은 도요타의 린(lean) 생산방식에서 따온 개념이다. 도요타의 생산 시스템을 창업에 적용한 것이 그 유래이다. '린 스타트업'에서는 '검증에 의한 학습'을 단위로 진척 정도를 측정한다. 그리고 스타트업을 저해하는 낭비 요소를 발견하여 근절해 나간다. 스타트업 기업에서는 수요가 없는 제품을 만들 때가 있는데 이때는 '검증에 의한 학습'을 통해 고객을 확보해 나간다.

구축-측정-학습의 피드백 순환

측정

MVP로부터 회사의 현 상황을 나타내는 데이터를 얻은 뒤 기준치를 이상적인 상태로 설정하기 위해 가설을 조율하고, 제품의 미세 조정·최적화가 끝나면 피벗(방향 전환)할지 단행할지를 판단한다.

학습

사이클을 실현하기 위한 평가 기준의 척도 3가지는 '행동의 편리함', '이해의 용이함', '체크의 편리함'이다. 문제의 인과관계를 명쾌히 밝혀 어떻게 행동하면 계속 바람직한 성과를 얻을 수 있는지 검증한다.

마쓰시타 고노스케, 길을 열다

저자: 마쓰시타 고노스케 / 역자: 남상진, 김상규 / 청림출판

1968년에 발간된 이래로 510만 부를 돌파한, 마쓰시타 고노스케의 작품을 대표하는 대형 베스트셀러. 월간 『PHP』에 연재된 121편의 에세이를 수록하여 마쓰시타의 인생철학을 담았다.

이 책에 자주 등장하는 키워드, 그것은 '우직함'과 '겸허함', 그리고 '진지함'이다. 마쓰시타 고노스케는 사업을 통해 인류 발전에 공헌하는 것이 목표였다. 아무리 작은 것이라도 연구하고 변화시키면 발전으로 이어진다는 생각을 갖고 있었다. 혁신의 원점은 한 줌에 불과한 천재의 비전보다 일상의 깨달음에서 비롯되는 것인지도 모른다.

명철한 두뇌, 성실하고 강건한 육체, 배려 넘치는 마음 등 사람마다 장점은 다르다. 그 특성을 살려 세상에 공헌해야 한다는 것이 마쓰시타 고노스케가 말하는 서비스의 본질이라고 할 수 있다. 많은 것을 얻으려면 많은 것을 주어야 하는데, 충분히 주지 않고 이익만 얻으려 하는 이기적인 생각을 꾸짖는다. 세상을 위해 한 행동은 언젠가 자신에게 돌아오는 법이다.

'길을 열기' 위한 3가지 포인트

나는 왜 이 일을 하는가?

꿈꾸고 사랑하고 열렬히 행하고 성공하기 위하여

저자: 사이먼 사이넥 / 역자: 이영민 / 출판사: 타임비즈

큰 이상과 신념의 기치하에 많은 지지자를 끌어모아 사기를 높이는 창업가들의 공통점이란? '영감을 주는 리더'가 되는 방법을 공개한다.

스티브 잡스가 열렬한 팬을 얻을 수 있었던 이유는 우선 자신이 무언가를 '왜' 하는지 이념과 대의를 명확히 했기 때문이다. 여기서 말하는 '왜'라는 것은 사람들에게 영감을 주기 위한 기술이다. 영감을 주는 리더는 '왜'라는 물음을 중심으로 하여 '골든서클'이라는 패턴에 따른다고 저자 사이넥은 말한다. 골든서클이란 왜(why)→어떻게(how)→무엇을(what)의 순서에 따른 행동이다.

골든서클의 3요소

WHAT(결과)

자사의 제품, 서비스, 자신의 직무(하고 있는 일) 등.

'영감을 주는 리더'가 세상에 던지는 메시지를 골든서클의 패턴에 따라 나타내면 다음과 같다. "저희 회사의 신조(why)는 '현 상황에 만족하지 않고 타사와는 다른 서비스를 창출한다'입니다. 그래서 균형 잡힌 디자인, 심플하고 편리한 인터페이스를 설계했습니다(how). 그 결과, 저희 회사의 온드 미디어가 탄생한 것입니다(what)." 기점은 '왜'라는 물음인 셈이다.

WHY(이유)

자신이 지금 하는 일의 이유.

HOW(방법)

독자적인 공정이나 판매법 등 타사와는 다른 방법.

슈독

나이키 창업자 필 나이트 자서전

저자: 필 나이트 / 역자: 안세민 / 출판사: 사회평론

'Shoe Dog'이란 신발 산업에 미친 사람들을 가리키는 은어이다. 이 책은 Shoe Dog 중 한 사람이었던 저자가 나이키를 성공시키는 과정을 쫓은 자서전이다.

일본의 러닝화에 감명받은 저자 필 나이트는 미국에서의 판매권을 얻기 위해 혼자 일본으로 건너가 오니츠카 타이거와의 계약을 따낸다. 그 후 전설적인 육상 코치이자 자신의 대학 시절 은사이기도 한 빌 바우어만에게 신발을 선물하여 칭찬을 받았고, 그것을 계기로 바우어만을 공동 경영자로 끌어들이게 된다. 이리하여 나이키의 전신 블루 리본 스포츠가 탄생한다.

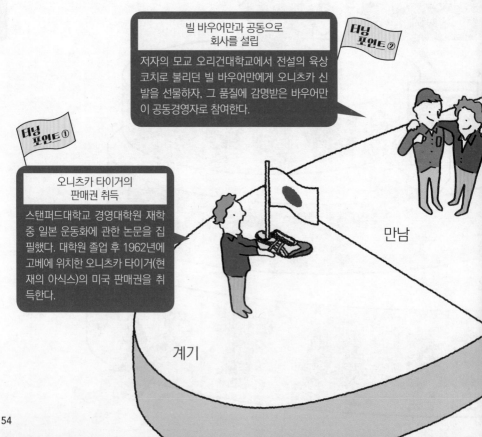

타닝 포인트 ②

빌 바우어만과 공동으로 회사를 설립

저자의 모교 오리건대학교에서 전설의 육상 코치로 불리던 빌 바우어만에게 오니츠카 신발을 선물하자, 그 품질에 감명받은 바우어만이 공동경영자로 참여한다.

타닝 포인트 ①

오니츠카 타이거의 판매권 취득

스탠퍼드대학교 경영대학원 재학 중 일본 운동화에 관한 논문을 집필했다. 대학원 졸업 후 1962년에 고베에 위치한 오니츠카 타이거(현재의 아식스)의 미국 판매권을 취득한다.

만남

계기

저자는 하나의 판매 전략으로, 육상대회를 찾아간다. 참가자들에게 신발을 소개하기 위해서였다. 그 전략이 주효하여 첫 번째 재고는 멋지게 팔아 치웠다. 그 후에도 순조롭게 판매를 늘려 나갔으나 아닌 밤중에 홍두깨 같은 사건이 벌어졌다. 오니츠카와 파트너십을 맺은 다른 업자로부터 판매정지 명령이 떨어진 것이다. 하지만 오니츠카 사장의 판단에 따라 미국 서부 13개 주에서의 독점판매권을 정식으로 획득했다.

나이키 창업까지의 여정

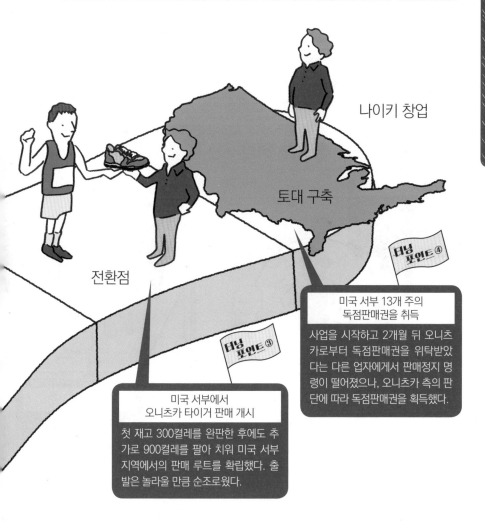

나이키 창업

토대 구축

전환점

터닝 포인트④

미국 서부 13개 주의 독점판매권을 취득

사업을 시작하고 2개월 뒤 오니츠카로부터 독점판매권을 위탁받았다는 다른 업자에게서 판매정지 명령이 떨어졌으나, 오니츠카 측의 판단에 따라 독점판매권을 획득했다.

터닝 포인트③

미국 서부에서 오니츠카 타이거 판매 개시

첫 재고 300컬레를 완판한 후에도 추가로 900컬레를 팔아 치워 미국 서부 지역에서의 판매 루트를 확립했다. 출발은 놀라울 만큼 순조로웠다.

10 내 회사 차리는 법

미국 500대 개인기업 CEO들이 최고로 뽑은, 나만의 부자되는 시스템 만들기

저자: 마이클 E. 거버 / 역자: 김원호 / 출판사: 크리에디트

'창업가의 시점', '비즈니스의 시스템화' 등 새로운 개념을 제창하여 개인사업 경영의 새로운 기준을 낳은 베스트셀러이다.

저자 거버는 20년에 걸쳐 개인사업자를 위해 2만 5천 개에 달하는 회사를 상대로 경영 컨설팅을 해 왔다. 그 경험을 살려 개인사업이 쉽게 실패하는 원인을 분석하고 성공 노하우를 밝혔다. 사업을 경영하는 능력은 전문적인 직무 능력과는 다르다. 그것을 양립하지 못해 창업 1년 차에는 40%, 5년 차에는 80%의 회사가 모습을 감춘다고 한다.

성공을 위한 7단계

① 사업의 주요 목표

우선 주요 목표를 마련할 것! 창업의 목표를 정하는 것부터 시작한다.

② 전략적 목표

매출, 서비스, 수요, 경쟁사와의 우위성 등 구체적인 목표를 전략적으로 설정한다.

③ 조직 전략

목표 달성을 위해 필요한 조직체, 각 직책의 임무 등을 검토한다.

모습을 감춘 창업가의 대다수는 '전문적인 기술(요리 실력 등)이 있으면 어떻게든 된다'라는 잘못된 인식을 갖고 있다고. 장부 기장, 직원 관리와 같은 사업 경영에 쫓기다 보면 전문적인 기술을 발휘할 수 없다. 그렇게 되지 않기 위해서는 수익이 나는 사업을 구상하여 패키지화하는 것이 중요하다. 나 없이도 회사가 굴러가는 상태가 중요한 것이다.

⑥ 마케팅 전략

고객에게 가치를 알리기 위해서는 마케팅이 필요하다. 다른 말로 마케팅이란 '가치를 알리는 활동'이다.

⑦ 시스템 전략

하드웨어(건물, 설비 등), 소프트웨어(매뉴얼, 관리 시스템 등), 정보(활동 이력 등)를 통합하면 시스템 전략이 완성된다.

⑤ 인사 전략

실적이 좋은 기업은 게임의 룰이 잡혀 있다. 그에 따라 도전하면 과제를 클리어하기 쉽기 때문이다.

④ 관리 전략

매니저 개인의 능력에 의지하면 조직은 굴러가지 않는다. 업무의 흐름을 매뉴얼화, 공유화할 필요가 있다.

성공률이 높은 프랜차이즈 사업에 배울 점이 많다.

장르 | 경제　　　　초판 발행 | 2020년

새로운 미래가 온다 (리커버 특별판)

예측 불가능한 미래를 대비하는 6가지 생각의 프레임

저자: 다니엘 핑크 / 역자: 김명철 / 출판사: 한국경제신문사

21세기에 쾌적하게 생활하기 위해서는 무엇을 해야 할까? 100만 달러의 가치가 있다는 이 질문에 맨 처음 정면으로 대답한 것이 이 책이다.

사회를 분석적으로 파악하는 사고가 근현대를 지배했다면, 앞으로 다가올 미래에는 새로운 사고와 접근이 필요해진다. 그것이 '하이콘셉트(high-concept)'와 '하이터치(high-touch)'이다. 하이콘셉트란 기회를 발견하는 능력, 예술적이며 감정적인 면에 호소하는 미를 낳는 능력, 타인이 납득하도록 이야기하는 능력, 흩어진 개념을 조합하여 새로운 개념을 낳는 능력을 말한다.

한편, 하이터치란 타인에 공감하는 능력, 인간관계의 흐름을 읽는 능력, 스스로 기쁨을 발견하고 타인이 기쁨을 발견하도록 돕는 능력, 일상적인 일에서도 목적과 의의를 추구하는 능력을 가리킨다. 뇌는 왼쪽이 논리적·분석적으로 정보를 처리하고, 오른쪽이 직감적·포괄적·전체적으로 기능하는데 지금까지의 시대는 좌뇌적이었다고 한다. 앞으로는 우뇌적인 시대가 될 것이다.

하이콘셉트와 하이터치

인간관계의 흐름을 읽는 능력

공감하는 능력

일상적인 일에서도 목적과 의의를 추구하는 능력

하이터치

스스로 기쁨을 발견하고, 타인도 기쁨을 발견하도록 돕는 능력

흩어진 개념을 조합하여 새로운 개념을 낳는 능력

12 일본 사회의 인간관계 [한림신서 일본학 총서 19]

저자: 나카네 지에 / 역자: 양현혜 / 출판사: 소화

서열을 모르면 발언은커녕 자리에 앉지도 못하는 것이 일본인이다. 이 책은 그런 일본 사회에 존재하는 서열 의식을 밝힌다.

국제경쟁력을 높이기 위해서는 능력주의·성과주의가 중요하다는 말이 나온 지 오래이다. 그렇지만 과연 일본은 서열의식을 탈피하는 데 성공했을까. '분위기 파악을 못 한다'라는 말이 있듯, 일본에서는 '자리'의 분위기를 정확히 파악하는 것이 중요하다. 회의실에서도 술자리에서도 좌석의 위치로 누가 상사이고 누가 부하 직원인지 알 수 있다. 그것이 일본 사회이다.

일본의 서열의식, 이른바 종적 관계는 주종 체제, 관료조직 등으로 대표된다. 그 조직의
리더에게는 천재적인 능력보다 인간에 대한 이해력과 포용력이 요구된다. 그러나 종적
사회에서는 '남은 남이고 우리는 우리다'라는 자기 완결적인 닫힌 구조가 되기 십상이다.
앞으로는 종적 형태의 강한 유대를 존중하면서도 유연하게 사고를 전환하는 자세가 리
더에게 요구된다.

장르 경영　초판 발행 2021년

13 무엇이 성과를 이끄는가

세계 최고 기업들의 조직문화에서 찾은 고성과의 비밀

저자: 닐 도쉬, 린지 맥그리거 / 역자: 유준희, 신솔잎 / 출판사: 생각지도

바람직한 실적을 낳고 장기간에 걸친 경쟁우위를 구축하는 데 큰 역할을 하는 것이 사풍과 조직문화이다.

대부분의 조직은 우수한 사풍의 구축·유지·강화로 애를 먹는다. 사풍에 관한 계통적인 지식은 세상에 공유되어 있지 않기 때문이다. 그래서 조직의 리더는 잘나가는 다른 조직의 사풍을 모방하게 된다. 그러나 애초에 타사의 사풍이 자사에 뿌리내릴 수 있을 리 없다. 그러므로 '총 동기(ToMo, Total Motivation) 지수'를 지침 삼아 자사의 강점과 약점을 파악하여 사풍을 개선하면 직원은 적극적으로 일하게 된다고 한다.

즐거움	목적	가능성
하고 있으면 즐거워서 일 자체가 보수인 셈이다.	일 자체가 아니라 결과에 가치를 느껴 일한다.	개인적인 목표 등을 위하여 일에 매진한다.

직접동기

'총 동기 지수'란 무엇인가? 노동에는 6가지 기본적인 동기가 있다. 그 6가지는 즐거움, 목적, 가능성, 정서적 압력, 경제적 압력, 타성이다. 앞의 3가지는 '직접동기'라 불리는 것으로 실적 향상과 관계가 있고, 뒤의 3가지는 '간접동기'로 실적을 저하한다. 사풍에 따라 직접동기의 최대화와 간접동기의 감소를 노려 총 동기 지수의 수준을 향상하자. 총 동기 지수의 향상은 사풍의 방향성을 나타내는 나침반 역할을 한다.

✒ 총 동기 지수의 계산 방법

다음 6가지 질문에 '전혀 아니다(1점)'부터 '매우 그렇다(7점)'로 답하여 점수와 ( ) 안의 숫자를 곱한다. 지금의 일을 계속하는 까닭은 ①일 자체가 즐겁기 때문(×10), ②그 일에 중요한 목적이 있다고 생각하기 때문(×5), ③자신의 목표를 달성하는 데 유익하기 때문(×1.66), ④그만두면 실망할 사람이 있기 때문(×-1.66), ⑤이 일을 잃으면 금전상의 목표를 달성할 수 없기 때문(×-5), ⑥타당한 이유는 없다(×-10).

총 동기(ToMo)

정서적 압력
죄책감이나 수치심, 자존심 등 때문에 일한다.

경제적 압력
보수를 얻기 위해, 해고를 면하기 위해 일한다.

타성
단지 어제 하던 일을 오늘도 한다.

간접동기

The Goal 더 골 1 (30주년 기념 개정판)

당신의 목표는 무엇인가?

저자: 엘리 골드렛, 제프 콕스 / 역자: 강승덕, 김일운, 김효 / 출판사: 동양북스

다가올 시대의 리더에게는 창조력을 이용하여 문제를 해결하는 능력이 요구된다.
'연결고리를 이해하는' 능력이 키워드이다.

'전체 최적화'라는 사고에 입각하여 경영을 회복한 저자의 실제 체험이 바탕이 된 소설이다. 전체 최적화란 어느 부분에 주목하여 최적화한다 해도 전체가 최적화되는 건 아니라는 뜻이다. 공장으로 치면 어느 생산 라인을 최적화한다 해도 다른 라인이 정체되어 있으면 헛것이 된다. 항상 전체를 보고 목표에 다가섰는지 어떤지를 기준으로 삼는 게 중요하다.

② 제약의 활용법을 결정한다

수송비가 병목 자원임을 발견했을 경우 수송 경로를 하청업체에 의뢰하고 수송 인력의 휴식 시간을 검토하거나 해서 가동 정지 시간을 최소화한다.

① 제약을 찾아낸다

공장의 생산성을 높이기 위해서는 병목(제약: 처리 능력이 주어진 일과 같거나 그 이상인 자원)에 따른 시간 낭비를 줄이거나 부하를 낮추는 것이 중요하다.

경영을 회복하여 기업이 이익을 내도록 하는 것이야말로 목표(goal)이다. 경영을 회복할 때 자칫 각 부서에 지령을 내려 일률적으로 능률을 올리려고 하기 쉬운데 각 부서를 개별적으로 봤을 경우 최적화하지 않는 편이 생산성을 향상할 수도 있다. 전체를 내다보는 이 사고 프로세스는 경영뿐만 아니라 다양한 비즈니스 현장, 혹은 가정 내에서도 활용할 수 있다.

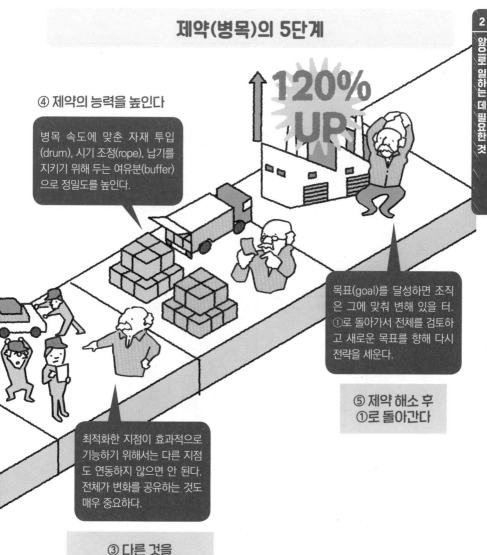

제약(병목)의 5단계

④ 제약의 능력을 높인다

병목 속도에 맞춘 자재 투입(drum), 시기 조정(rope), 납기를 지키기 위해 두는 여유분(buffer)으로 정밀도를 높인다.

120% UP

목표(goal)를 달성하면 조직은 그에 맞춰 변해 있을 터. ①로 돌아가서 전체를 검토하고 새로운 목표를 향해 다시 전략을 세운다.

⑤ 제약 해소 후 ①로 돌아간다

최적화한 지점이 효과적으로 기능하기 위해서는 다른 지점도 연동하지 않으면 안 된다. 전체가 변화를 공유하는 것도 매우 중요하다.

③ 다른 것을 ②의 결정에 종속시킨다

자네, 일은 재미있나?

하룻밤 만에 인생을 180도 바꾸는 변화의 메시지

저자: 데일 도튼 / 역자: 손원재 / 출판사: 성안당

기존의 전망 없는 주인공과 노인의 대화를 통하여 비즈니스에 필요한 자기 변혁의 메시지를 독자에게 소설 형식으로 전하는 자기계발의 고전적 명저이다.

큰 눈이 내리던 어느 밤, 공항 로비에서 주인공은 어느 노인을 만나 저도 모르게 나날의 울적함을 털어놓고 만다. 사실 이 노인은 기업의 리더들에게 조언자 역할을 하는 유명 실업가이다. 갑자기 펼쳐지는 노인의 이야기와 그에 따른 주인공의 맞장구, 또 노인의 대답을 통해 나날이 변화하는 것과 시도하는 것의 중요성, 우연히 놓쳐 버린 것 등 비즈니스 현장에 필요한 메시지를 전한다.

성공을 위한 3가지 포인트

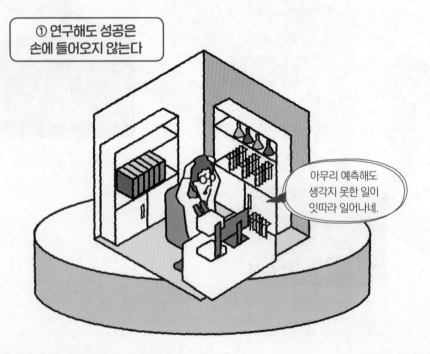

66

노인은 목표를 설정하여 그를 위해 노력하는 것을 부정한다. 왜냐하면 인생은 규칙적인 것이 아니고 그로부터 벗어난 곳에 교훈이 있기 때문이다. 그런 노인이 내건 유일한 목표는 '내일은 오늘과 다른 자신이 된다'라는 것이다. 세계적으로 성공한 사람은 완벽한 목표를 그리는 것이 아니라 닥치는 대로 여러 가지 일에 도전하여 기회의 수를 늘린 것이다.

장르 경영　　초판 발행 2013년

16 질문을 디자인하라

뻔하고 명백하고 확실함을 넘어서서

저자: 필 매키니 / 역자: 김지현 / 출판사: 한국경제신문사

'올바른 질문'이야말로 참신한 비즈니스를 낳는 방아쇠가 된다. 고정관념을 타파하여 최선의 아이디어를 혁신으로 연결한다.

새로운 제품을 낳는 데에는 새로운 인풋이 필요하다. 새로운 인풋을 낳는 방법으로는 질문이 효과적이다. 상식을 의심하는 질문에서 새로운 아이디어를 낳는 기회가 생겨난다. 그런 필살의 질문을 '킬러 퀘스천(Killer Question)'이라고 한다. 킬러 퀘스천은 3가지 카테고리로 분류되는데, 그 핵심 질문들이 인풋으로 이어지는 입체적인 길을 만들어 낸다.

킬러 퀘스천의 3가지 카테고리

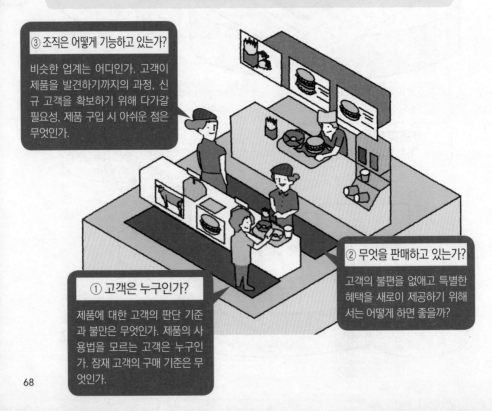

③ 조직은 어떻게 기능하고 있는가?

비슷한 업계는 어디인가. 고객이 제품을 발견하기까지의 과정, 신규 고객을 확보하기 위해 다가갈 필요성, 제품 구입 시 아쉬운 점은 무엇인가.

② 무엇을 판매하고 있는가?

고객의 불편을 없애고 특별한 혜택을 새로이 제공하기 위해서는 어떻게 하면 좋을까?

① 고객은 누구인가?

제품에 대한 고객의 판단 기준과 불만은 무엇인가. 제품의 사용법을 모르는 고객은 누구인가. 잠재 고객의 구매 기준은 무엇인가.

일하는 사람을 위한 경력 디자인

저자: 가나이 도시히로 / 출판사: PHP연구소

직장의 현실에 피폐해진 사회 초년생, 그러나 다른 한편에는 활기찬 중년 세대가 있다. 인생의 대부분을 차지하는 직장 생활을 플러스로 만드는 데 필요한 것이 '경력 디자인'이다.

자신의 경력을 계획할 때 중요한 것은 '디자인'과 '드리프트'의 균형을 잡는 일이다. 모든 것을 계획적으로 생각하는 '디자인'과 의미 있는 방향인 '드리프트'는 언뜻 대립하는 개념처럼 보이지만 어느 한쪽이 옳은 건 아니다. '진로 전환 모델'이라는 틀을 이용하면 필요한 시기 · 타이밍에 적절한 선택을 할 수 있을 것이다.

진로 전환 모델

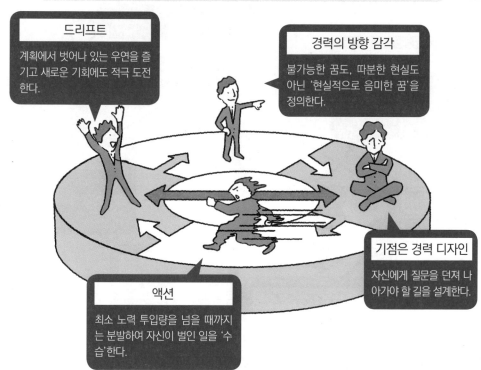

드리프트
계획에서 벗어나 있는 우연을 즐기고 새로운 기회에도 적극 도전한다.

경력의 방향 감각
불가능한 꿈도, 따분한 현실도 아닌 '현실적으로 음미한 꿈'을 정의한다.

액션
최소 노력 투입량을 넘을 때까지는 분발하여 자신이 벌인 일을 '수습'한다.

기점은 경력 디자인
자신에게 질문을 던져 나아가야 할 길을 설계한다.

아이디어 발전소

아이디어를 생산하는 기술

저자: 제임스 W. 영 / 역자: 신동운 / 출판사: 스타북스

아이디어를 만드는 법에 대하여, 구체적인 방법이 아니라 발상 과정에는 어떤 단계가 있는지 밝힌다. 아이디어를 개념적으로 이해하고자 하는 사람을 위한 책.

아이디어는 일반적 지식과 특수 지식, 아이디어의 조합이라는 개념으로 나뉜다. 일반 지식이란 일상적인 지식, 특수 지식이란 학술적·기술적인 전문 지식을 말한다. 그리고 아이디어란 기존 요소를 새롭게 조합한 것으로, 일반적 지식과 특수 지식을 조합함으로써 생겨난다. 그 조합은 아래의 5가지 단계를 거쳐 형태가 되어 간다.

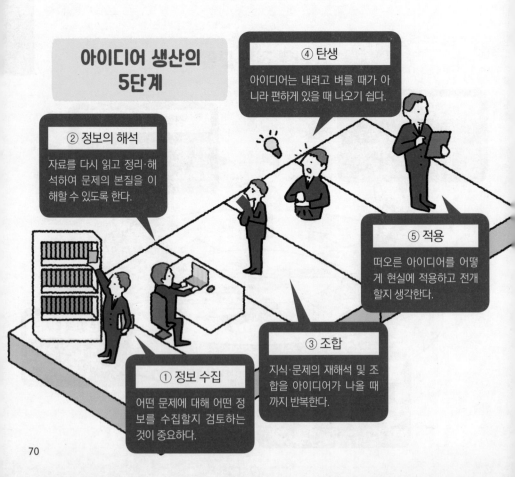

아이디어 생산의
5단계

② 정보의 해석
자료를 다시 읽고 정리·해석하여 문제의 본질을 이해할 수 있도록 한다.

④ 탄생
아이디어는 내려고 벼를 때가 아니라 편하게 있을 때 나오기 쉽다.

⑤ 적용
떠오른 아이디어를 어떻게 현실에 적용하고 전개할지 생각한다.

③ 조합
지식·문제의 재해석 및 조합을 아이디어가 나올 때까지 반복한다.

① 정보 수집
어떤 문제에 대해 어떤 정보를 수집할지 검토하는 것이 중요하다.

그릿 (50만 부 판매 기념 리커버 골드에디션)

IQ, 재능, 환경을 뛰어넘는 열정적 끈기의 힘

저자: 앤절라 더크워스 / 역자: 김미정 / 출판사: 비즈니스북스

성공하는 데 필요한 것은 재능분만이 아니다. '끝까지 하는 힘(GRIT)'이야말로 재능 이상으로 중요한 능력이다.

인생을 단기적인 시야로 바라보면 이 책의 내용은 단순히 노력에 대한 이야기로 보일지도 모른다. 그렇게 되면 재능이나 자산, 외모 등을 '우연히' 뛰어나게 타고난 사람들에게 이길 수 있을 리 없다며 포기하고 말 것이다. 그러나 상상할 수 있는 한 넓은 관점에서 다시 인생을 바라보면 앞서 든 예는 '오차'에 지나지 않음을 깨닫게 될 것이다. 아래의 2가지 틀로 충분히 만회할 수 있기 때문이다.

피라미드로 목표를 관리

최상위 목표
궁극적으로 달성하고 싶은 일.

중위 목표
최상위 목표를 위해 실현하고 싶은 일.

하위 목표
중위 목표를 위해 해야 할 일.

의도적인 연습

❶ 딱 하나로 훈련 목표를 정한다.

❷ 훈련에 집중한다.

❸ 정확한 피드백을 받는다.

❹ 반성하고 개선한다.

아들러의 인간이해

세 가지 키워드로 읽는 아들러 심리학

저자: 알프레드 아들러 / 역자: 홍혜경 / 출판사: 을유문화사

사회에 대한 신뢰감, 공헌감, 귀속 의식이 정신 상태를 안정적으로 유지한다. 인간 관계에서 생기는 다양한 스트레스를 성격의 특징이라는 관점에서 분석·설명한다.

2010년대 이후 커다란 붐을 일으킨 아들러 심리학에 의한 성격론이다. 타인과의 교류에서 스트레스를 느끼는 사람과 그렇지 않은 사람이 있는 이유는 무엇인가, 사회 공헌은 어떤 것인가, 자기 이외의 사람에게 할 수 있는 일은 무엇인가 등에 대해 밝힌다. 공동체에 대한 귀속 의식을 가진 사람은 사회와의 유대를 느낄 수 있다고 말한다. 자신에게서 타자에게로, 타자에게서 자신에게로 향하는 신뢰감으로 인해 인격은 사람 간의 관계성에서 생겨난다고 이야기한다.

성격의 본질

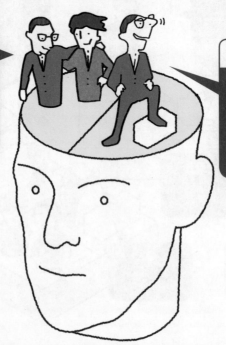

공동체 의식

공동체로의 귀속 의식과 소속감은 인간의 가장 기본적인 욕구이다. 공동체에 대한 순종과 적응성, 협조 능력이 중요하며 타자를 넘어서고자 하는 욕구와 대립한다.

허영심

낮은 자기 평가를 배경으로 생겨난다. 자신이 불완전하다고 느끼며 능력 이상의 목표를 설정하고 타인을 뛰어넘으려 한다.

어떻게 말할까

만남과 대화가 어려운 사람들을 위한 설명서

저자: 로버트 볼튼 / 역자: 한진영 / 출판사: 페가수스

뛰어난 커뮤니케이션 능력은 자기평가를 높인다. 상대방에게 성실함을 전달하는 커뮤니케이션 방법을 집대성한 책.

2
앞으로 일하는 데 필요한 것

저자는 대인 관계에 필요한 기술에 '경청 기술', '자기표현 기술', '갈등해소 기술'의 3가지가 있다고 주장한다. 커뮤니케이션 기법을 설명한 책 대부분이 '경청 기술'에 치중되어 있는 반면, 이 책은 자기중심적이 되지 않는 자기표현법을 설명했다는 점에서 유니크하다. 이 3가지 기술을 구사하여 대인 기술의 향상을 꾀하면 직장 내의 입지가 변할 것이다.

커뮤니케이션의 3가지 기술

상대의 행동에 변화를 촉구하고 싶을 때 상대에게 알릴 포인트는 3가지이다. '상대의 문제 행동', '그 행동이 자신에게 야기하는 결과', '그로써 일어나는 자신의 감정'.

자네 말은 이해하네.

급여를 올려 줘!

자기표현 기술

경청 기술

갈등해소 기술

상대의 행동은 그저 현상의 하나로, 그 내면에는 행동한 자의 생각이 있고 또 그 생각은 감정을 단서로 발생했음을 이해하자.

사람 간의 갈등에는 '현실적 갈등(요구, 목적, 가치관 등의 갈등)'과 '내재적 갈등(무지, 오해, 역사적 전통과 편견, 조직 구조, 갈 곳 없는 적의)'이 있다.

본질에서 답을 찾아라

MIT대학의 18년 연구 끝에 나온 걸작 'U 프로세스'

저자: 오토 샤머, 카트린 카우퍼 / 역자: 엄성수 / 출판사: 티핑포인트

리얼리티 일변도인 경영론을 무시하고 다층적인 현실 세계와 대치하기 위해서는 논리 바깥에 있는 세계와의 만남이 중요하다.

저자 오토 샤머 박사는 130명의 기업 리더를 인터뷰한 결과 각 리더의 본질(being)에 주목하게 되었다. 리더십이나 고도의 능력을 발휘할 때 그 인물의 내면에서 일어나는 의식 변화를 7가지 과정으로 추적하여 재현·실천할 수 있게 만든 이론이 'U 이론'이다. 그 과정을 시각화하면 알파벳 'U'와 비슷하다는 점에서 그런 이름이 붙었다.

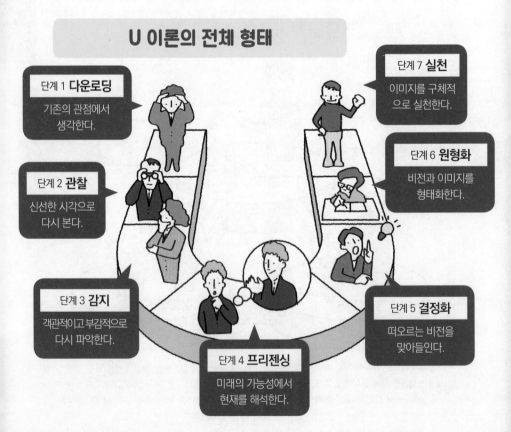

비즈니스에 유용한 고전②

『손자병법』

Point 1　실제로 싸우는 것은 상책이 아니다

가장 훌륭한 전술은 적국이 음모를 꾸미고 있는 사이, 그 음모를 깨는 것이다. 적국 간에 연합했을 때는 그 관계를 깨는 것이 그다음으로 좋다. 그에 실패했을 때 비로소 적군을 친다. 가장 좋지 않은 전술은 적의 성을 공격하는 것이다.

Point 2　싸우지 않고 이기려면 전술이 필요하다

전쟁에 이기기 위해서는 상대방의 의표를 찔러야 한다. 예를 들어 강해도 약하다고 믿게 만들거나, 용맹함을 감추어 겁쟁이로 여기게 만들거나, 아니면 근처에 있는데도 멀리 있는 것처럼 보이게 할 것 등이 있다. 그리고 적의 낌새를 관찰하여 혼란에 빠져 있으면 그 기회에 맹공격하고 기력이 충만해 보이면 방어에 전념한다.

Point 3 반드시 이기기 위해서는 무엇을 해야 하나

반드시 이기기 위해서는 5가지를 염두에 두어야 한다. 첫째, 싸워도 될 때와 안 될 때를 알아 둘 것. 둘째, 큰 군대와 작은 집단의 운용법을 알아 둘 것. 셋째, 장군이든 군사든 위아래 상관없이 모두가 같은 목표를 가질 것. 넷째, 만반의 준비가 된 상태에서 방심한 적에 맞설 것. 다섯째, 유능한 지휘관에게 군주가 간섭하지 말 것. 말하자면, 적군을 잘 알고 아군도 잘 알면 반드시 이길 수 있다. 아군은 알아도 적군은 모른다면 반드시 이긴다는 보장은 없으며, 나아가 아군도 적군도 모른다면 항상 질 위험이 도사리고 있다.

Point 4 상황을 분석한다

전쟁에 앞서 5가지 단계에 대해 심사숙고할 필요가 있다. 전장에 대해 넓이나 거리를 가늠하는 것이 첫째, 그곳에 투입해야 할 물량을 생각하는 것이 둘째, 동원해야 할 인원을 고려하는 것이 셋째, 적과 아군의 전력을 비교하는 것이 넷째, 그리고 그에 따른 승패를 예측하는 것이 다섯째이다. 이 5가지에 대해 충분한 승산을 가진 군이 승리한다. 그리고 표면적인 상황에 현혹되지 말고 냉정하게 분석해야 한다. 예를 들어, 적의 세력이 쇠한 듯 보이고 수비를 다지는 낌새이면 진격을 준비하고 있는 것이다. 반대로 적이 위세 좋게 공격을 준비하고 있으면 이쪽의 전력에 불안을 느껴 퇴각을 마음먹은 것이다.

앞으로 일하는 데 필요한 것

KEY WORD

공리주의

일반적으로 바람직하게 여겨지는 행동 및 제도는 그 효용(공리, 유용성)에 따라 결정된다는 이론으로, 귀결주의의 일종이다. 공리(功利)주의라는 말의 어감상 생기는 오해를 피하고자 일본에서는 '공익주의'나 '대복(大福)주의'라는 번역어를 사용하자는 제안이 있었다. 논리학, 법철학, 정치학, 후생경제학 등 다방면에 걸친 학문에 채택된 이론이다. 제창자인 벤담 시대부터 '최대 다수의 최대 행복'이라는 슬로건을 내걸고 있는데, 이 행복을 쾌락에서 고통을 뺀 양으로 볼 것인지 자신이 바라는 바의 충족으로 볼 것인지에 따라 두 가지로 나뉜다. 또한, 최대 행복 원리에 있어 개개인의 행위를 옳고 그름의 기준으로 삼을지 일반적인 규칙을 옳고 그름의 기준으로 삼을지에 따라 행위 공리주의와 규칙 공리주의로 분류된다.

자유지상주의

개인적 자유와 경제적 자유 모두를 중시하는 자유주의에 속한 정치사상·정치철학 견해이다. 신자유주의와 비슷하지만 경제적인 자유를 중시하는 신자유주의와 달리 자유지상주의는 개인적인 자유도 마찬가지로 중시한다. 타자의 신체, 정당한 소유 재산을 침해하지 않는 한 개인이 원하는 모든 행동은 기본적으로 자유라고 말한다. 이 주의를 주장하는 자를 자유지상주의자라고 부른다. '자유지상주의'는 자유의지주의라고도 하며 일본에서는 완전자유주의 등으로도 번역된다. 또한 철학, 신학, 형이상학에서는 결정론에 반해 비결정론에 서서 자유의지의 존재를 주장하는 입장을 가리킨다. 이 경우에는 자유의지론으로 번역될 때가 많다.

상호 이타주의

훗날 보답받을 것을 기대하여 어떤 개체가 다른 개체에게 이익이 되는 행위를 당장의 보답 없이도 취하는 이타적인 행동의 일종이다. 생물은 종종 개체끼리 도움을 주고받는 행동을 할 때가 있다. 개체 간에 부모 자식, 형제자매 같은 깊은 혈연관계가 있으면 혈연선택설로 설명할 수 있지만 혈연관계가 없는 경우, 예를 들어 대형 물고기와 청소 물고기인 청줄청소놀래기의 관계에서는 상호 이타주의의 존재를 엿볼 수 있다.

린

'고객의 관점에서 가치를 제공한다', '최종 목표에 가치를 수반하지 않는 낭비를 배제한다', '지속적으로 개선한다'라는 3가지 본질적인 생각에 따라 구성된 경영 방법이다. 끊임없이 진화하고 실제 문제를 식별하여 그것들을 제거하는 데 기여한다.

그릿

'그릿(GRIT)'이란 '곤란에 처해도 굴하지 않는 투지', '기개', '용기' 등을 의미하는 영어 단어로, 성공한 사람들에게 나타나는 공통된 심리 특성으로서 최근 주목받고 있는 '끝까지 하는 힘'을 말한다. 심리학자이자 펜실베이니아대 교수인 앤절라 더크워스가 '사회적으로 성공하는 데 가장 필요한 요소는 재능이나 IQ(지능지수)나 학력이 아니라 끝까지 하는 힘이다'라는 '그릿 이론'을 제창했다.

업무기술·자기계발

날마다 절차에 쫓기고 스트레스를 받는 곳이 바로 비즈니스 현장이다.
일의 파도를 헤치고 자신을 높이는 수많은 격언을 소개한다.

01 설득의 심리학 1 [20주년 기념 개정증보판]

사람의 마음을 사로잡는 7가지 불변의 법칙

저자: 로버트 치알디니 / 역자: 황혜숙, 임상훈 / 출판사: 21세기북스

세상에는 다양한 장치가 교묘하게 숨겨져 있다. 그것들에 유도당하지 않기 위한 마음가짐이 적힌 책이다.

심리학이나 마케팅 책에 나오는 에피소드는 대개 이 안에서 인용된 것이라고 일컬어질 만큼 이 책은 강한 영향력을 지녔다. 수록되어 있는 풍부한 사례는 읽어 보면 어디선가 보고 들은 것들이다. 저자는 온갖 판매원의 호구가 되어 필요하지도 않은 물건을 사 대는 등 자신의 몸을 내던지는 실전 조사를 통해 영향력에 대한 '6가지 무기'를 발견했다.

② 입장 정립과 일관성

일관성 있게 행동하려 한다.

① 상호성

상대에게 보답할 의무가 있음을 의식하고 만다.

예를 들어 '①상호성'의 경우 호감이 가는 상대뿐 아니라 혐오감이 드는 사람을 상대로도 같은 심리가 작용한다. 어떤 인간관계에나 적용된다는 점이 가장 무섭다고 할 수 있으리라. 영향력에서 벗어나기 위해 자신을 주체로 살지 않으면 약삭빠른 사람에게 조종당하고 만다. 자동적 반응이나 사회적 권위에 휩쓸리면 자신의 목적 달성을 타자의 손에 맡기게 된다.

영향력의 무기 6종류

③ 사회적 증거
사회적 권위 때문에 자신이 판단하는 것을 포기하고 믿어 버린다.

⑤ 권위
관리, 장관, 리더 등 직함이나 권위에 대해 의무감이 생긴다.

⑥ 희귀성
내일이면 팔리고 없을 한정 상품이라는 등의 정보가 구매 행동을 결정한다.

④ 호감
좋아하는 사람의 말은 그 자체만으로도 믿기 쉬운 경향이 있다.

성공하는 사람들의 7가지 습관

저자: 스티븐 코비 / 역자: 김경섭 / 출판사: 김영사

세상에 대한 시각을 바꾸는 패러다임의 전환을 권하는 도서이다. 원리 원칙을 중심에 두면서도 주도적으로 살아 나가 성공을 거두는 계발 철학에 대해 이야기한다.

저자는 영국 주간지 『이코노미스트』에서 세상에서 가장 영향력 있는 사상가라는 평가를 받았다. 이 책은 전 세계 44개국에서 번역되어 3,000만 부 넘게 팔리는 기록적인 히트를 쳤다. 과거 200년간 발표된 성공에 관한 책과 논문을 되짚어 보니 참된 성공은 원리 원칙에 입각한 '인격주의'에 있다고 주장하고 있었다. 표면적인 기술을 논하는 '개성주의'에 의문을 던지고 세상에 대한 시각(패러다임)의 전환을 모색한다.

7가지 습관 플랜

① 삶을 주도하라

인격은 자라 온 환경 등 상황과 조건의 영향을 받지만, 결과는 '선택의 자유'에 따라 선택할 수 있다.

② 끝을 생각하며 시작하라

삶을 살아가는 데 있어 삶의 마지막을 모든 행동의 기준으로 삼고, 그것을 염두에 두고 하루를 시작한다.

'기술을 뛰어넘자!'라고 이 책은 말한다. 기발함을 자랑하지 말고 보편적인 원리 원칙을 중시하자는 것이다. 누군가에게 미움받지 않도록, 사랑받고 싶어서 행동을 제한하고 있진 않은가? 리더는 결과적으로 사랑받으면 그만이다. 중요한 것은 자신이 어떤 사람인가를 주변에 알리는 일이다. 사상 및 가치관을 형성하는 패러다임에 인간은 따라가기로 결정하기 때문이다.

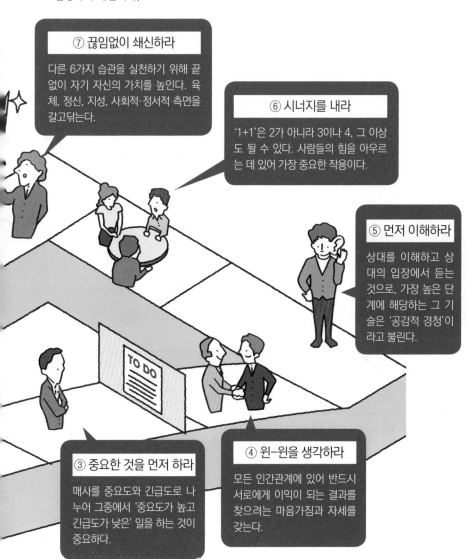

⑦ 끊임없이 쇄신하라

다른 6가지 습관을 실천하기 위해 끝없이 자기 자신의 가치를 높인다. 육체, 정신, 지성, 사회적·정서적 측면을 갈고닦는다.

⑥ 시너지를 내라

'1+1'은 2가 아니라 3이나 4, 그 이상도 될 수 있다. 사람들의 힘을 아우르는 데 있어 가장 중요한 작용이다.

⑤ 먼저 이해하라

상대를 이해하고 상대의 입장에서 듣는 것으로, 가장 높은 단계에 해당하는 그 기술은 '공감적 경청'이라고 불린다.

TO DO

③ 중요한 것을 먼저 하라

매사를 중요도와 긴급도로 나누어 그중에서 '중요도가 높고 긴급도가 낮은' 일을 하는 것이 중요하다.

④ 윈-윈을 생각하라

모든 인간관계에 있어 반드시 서로에게 이익이 되는 결과를 찾으려는 마음가짐과 자세를 갖는다.

장르 심리   초판 발행 2019년

데일 카네기 인간관계론

저자: 데일 카네기 / 역자: 임상훈 / 출판사: 현대지성

인정받고 있다는 느낌을 갖게 하고 상대의 자신감을 세워 주는 인물이야말로 큰 성공을 거둘 수 있다. 주위를 매료하는 협상술의 자세를 이 책에서 배울 수 있다.

출간된 지 80년 이상 지난 지금도 사랑받는 고전적 명저이다. 다양한 직업을 경험해 온 저자 데일 카네기가 그 인생과 경력 속에서 터득한 인간관계의 비결을 자세히 알려 준다. 자동차 왕 헨리 포드, 노예 해방의 아버지 에이브러햄 링컨 등 누구나 아는 위인들의 에 피소드와 함께 인간이 자율적으로 행동하게 되는 그 배경을 이해할 수 있다.

타인을 움직이는 데 있어 중요한 원칙은 다음과 같다. 비난은 삼가고, 자신감을 세워 주며 원하는 바를 건네어 그 사람의 행동을 유도해야 한다. 또한 타인을 설득하려면 서로 기분 나쁜 논의는 피해야 한다. 상대로부터 '예스'를 이끌어 내기 위해서는 '예스'를 들을 수 있는 질문으로 대화를 시작하는 일이 중요하다는 것이다. 그 밖에 상대의 경쟁심·대항의식을 자극하여 의욕을 북돋우라는 등 리더에게 도움이 되는 조언이 담겨 있다.

사람을 다루는 2가지 원칙

장르 자기계발 초판 발행 2020년

사랑하는 나의 아들에게

성공한 경영자 아버지가 아들에게 남긴, 금수저보다 가치 있고 소중한 유언 같은 편지!

저자: G. 킹슬리 워드 / 역자: 김대식 / 출판사: 봄봄스토리

준비를 게을리하지 말고, 도전하며, 실패에서 배운다. 이 책은 경험 축적의 중요성을 말하며, 유머를 잊지 않고 인격자가 되어 세상과 마주하는 처세술을 가르친다.

공인회계사로 일한 후 여러 회사를 경영하여 성공을 거둔 저자가 사업가에게 요구되는 처세술의 원리 원칙을 유머러스한 어조로 이야기한 명저이다. 제목만큼은 들어 본 사람도 많지 않을까? 이 책은, 저자의 아들이 17세일 때부터 시작된 편지가 20년 후 아들에게 회사를 물려주며 끝나는 구성으로 되어 있다.

저자는 아들에게 남기고 싶은 자질 가운데 '유머'를 맨 처음으로 꼽는다. 이 책 자체도 굉장히 유머 있는 문체로 쓰여 있는데, 유머를 잃지 않는 사람은 주위 사람들에게 '안정감'과 '안도감'을 준다고 한다. 그 밖에도 아들을 위해 '도전에 응하는 용기', '품성의 고결함' 등 8가지 기질을 적었다.

아들에게 전하고 싶었던 8가지 기질

장르 자기계발   초판 발행 2021년

놓치고 싶지 않은 나의 꿈 나의 인생 (개정판)

저자: 나폴레온 힐 / 역자: 권혁철 / 출판사: 국일미디어

모든 성공에는 첫 출발점이 있다. 성공하는 자는 자신이 원하는 것을 소망하고, 잠재의식을 활용하여 마음을 다스리는 기술을 지니고 있다.

철강업으로 부를 이룬 앤드류 카네기에게서 성공 철학을 체계화해 보지 않겠느냐는 제안을 받은 나폴레온 힐의 저서로, 경영서의 역사에 길이 남을 명저이다. 500명이 넘는 성공한 사람들의 협력하에 20년에 걸친 조사를 거듭하여 1937년에 발간되었고, 그 후 전 세계에서 1억 부 넘게 팔리는 고전이 되었다. 성공한 사람들의 '잠재의식'에 주목하여 체계화했다.

잠재의식

전 인류의 라이프 스타일을 바꿀 기술을 개발하여 세계에 널리 알리겠어.

전 세계 리더들이 꼭 한 번씩은 읽어 본 책이다. 선두 주자들을 매료해 온 가장 큰 요인은, 잠재의식은 의식의 일부이며 그것이 신념 등으로 대표되는 강한 '감정'과 결합할 때 인생을 크게 움직이는 힘을 가진다고 역설한 점이다. 소망을 신념으로 가시화·실체화하는 것, 그리고 마스터마인드(명확한 소망, 목표를 가진 사람들과의 사고 교류)를 갖는 것이 중요하다고 저자는 말한다.

06 원인과 결과의 법칙 (개정판)

저자: 제임스 알렌 / 역자: 안희탁 / 출판사: 지식여행

환경을 만드는 것은 자기 자신이다. 스스로의 생각이 그 사람의 인격 형성에 큰 영향을 끼친다. 성공을 바란다면 '온화함'이라는 능력을 획득하는 것이 필수이다.

성서에 이은 베스트셀러로도 일컬어지는 자기계발 장르의 고전적 명저이다. 수수께끼 철학자 제임스 알렌의 대표작으로, 1902년에 완성되었다. 현대 성공 철학의 시조 데일 카네기, 오그 만디노도 이 책의 독자였다고 한다. 성공한 사람들은 자신의 마음이 환경을 만든다는 사실을 알고 있다. 좋든 싫든 간에 마음속에 품고 있는 것을 끌어당길 수밖에 없다.

인간은 자칫 결과에 사로잡히기 쉽다. 그러나 이 책은 '결과라는 「열매」를 판단할 것이 아니라, 원인이라는 「씨앗」을 의식하여 자신의 마음을 컨트롤해 나가야 한다'고 말한다. 성공한 경영자로 불리는 사람들은 무엇에 성공했는가. 바로 '자신은 성공한다'라는 전제 하에 전략을 짜는 데 성공한 것이다. 그런 경험을 쌓아 나가면 '온화함'을 획득하여 주위 사람들을 안심시키고 존경받을 수 있다.

이상적인 자신이 되기 위한 인생 설계

되고 싶은 자신

당신은 어떤 결과(=열매)를 바라는가? 그것을 위해 필요한 생각·행동(=씨앗)이야말로 중요하다.

의심이나 불안을 품으면 그 마음이 환경에 반영되고 만다. 생각과 행동이 일치하도록 자신을 컨트롤하자.

장르 심리　　　초판 발행 2012년

마틴 셀리그만의 낙관성 학습

어떻게 내 마음과 삶을 바꿀까? 긍정심리학의 행복 가이드

저자: 마틴 셀리그만 / 역자: 우문식, 최호영 / 출판사: 물푸레

'우울증 치료', '성적 및 실적 향상', '건강 증진'의 세 분야에서 눈부신 성과를 거둔 것이 낙관주의이다.

동기부여 이론의 제창자이자 학습된 무기력 이론의 권위자인 셀리그만 박사는 낙관주의자와 비관주의자에 대한 연구를 25년간 이어 오며 무려 수십만 명을 테스트하고 데이터를 축적하여 낙관주의자야말로 벽을 돌파하고 인생을 잘 헤쳐 나갈 수 있음을 증명했다. 비관주의자가 가진 '영속성', '보편성', '개인성'의 특징을 밝히고 낙관주의자로 돌아서기 위한 ABCDE 모델을 권한다.

낙관주의자와 비관주의자의 차이

이 책에 채택되어 있는 ABCDE 모델이란 미국의 임상 심리학자 앨버트 엘리스가 개발한 것으로, 불행한 사건(Adversity), 왜곡된 믿음(Belief), 잘못된 결론(Consequence)을 적은 뒤 그것을 반론(Disputation)하여 활력(Energization)을 불어넣는 방법이다. 이 방법을 이용하면 부정적인 믿음이 그저 해석에 지나지 않음을 알 수 있다.

ABCDE 모델

자신의 실수가 원인이 아닐지도 모르고, 아직 기회는 있어.

낙관주의를 이용한다

반드시 잘된다!

08 네 안에 잠든 거인을 깨워라 (개정판)

무한 경쟁 시대의 최고 지침서

저자: 앤서니 라빈스 / 역자: 조진형 / 출판사: 씨앗을뿌리는사람

인생을 개선하기 위한 자기 변혁서이다. 낡은 감정 패턴을 타파하고 감정을 컨트롤하며 살기 위해서는 어떻게 해야 할까? 행동하는 사람들을 위한 자기계발 가이드를 제공한다.

세계 최고의 동기부여 코치이자 변화 심리학 권위자인 앤서니 라빈스의 저서이다. 전 세계 VIP를 클라이언트로 두었으며 각국에서 세미나 및 이벤트를 열고 있다. 매년 테드 (TED) 컨퍼런스에 참석하여 '무엇이 인간을 움직이는가'와 같은 잠재력 활용법을 전파한다. 그는 어떻게 그 짧은 시간에 인생의 방향을 전환하여 미국 전역에서 가장 유명한 컨설턴트가 되었을까? 스스로의 체험에 위인들의 에피소드를 곁들여 소개하고 있다.

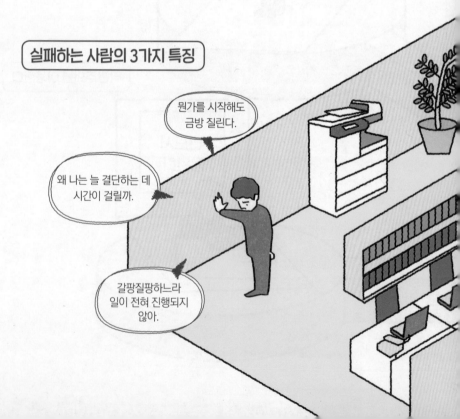

실패하는 사람의 3가지 특징

'어떻게 하면 매사에 대한 인식을 바꿔 나갈 수 있는가'. 이 책에서 라빈스는 이렇게 이야기한다. 컵에 물이 반쯤 있는 걸 봤을 때 '아직 반이나 있네'라고 생각할 것인지 '이제 반밖에 없네'라고 생각할 것인지에 따라 인생의 질은 크게 달라진다. 상황을 보는 당신 자신의 시각이야말로 인생을 형성하는 것의 정체이며, 그것은 당신 자신이 마음먹기에 따라 바꿔 나갈 수 있다.

실패하는 사람과 2가지 해결법

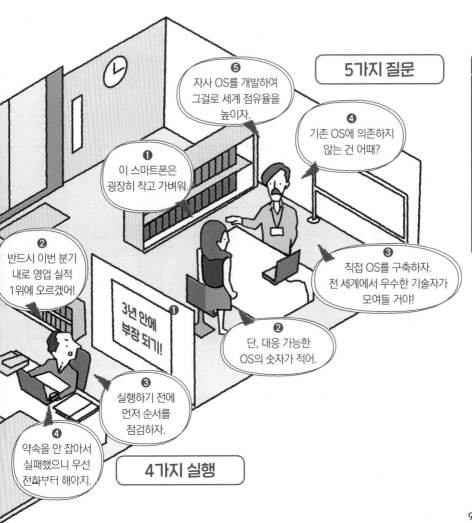

몰입

미치도록 행복한 나를 만난다

저자: 미하이 칙센트미하이 / 역자: 최인수 / 출판사: 한울림

인생 최대의 적은 '불안함'과 '따분함'이다. 시련에 맞서고 도전을 두려워하지 않으며 집중하는 것이 중요하다. '몰입 체험'을 거듭함에 따라 인간은 강해진다.

인간은 가장 즐거울 때 어떤 상태인가? 의도적으로 그 상태가 될 수 있는가? 이 책에서 말하는 '몰입(flow)'이란 의식이 균형적으로 질서 잡힌 정신 상태를 가리킨다. 심리학자 칙센트미하이가 12년 넘게 아시아와 유럽 등 여러 문화권에서 실시해 온 수천 명 규모의 인터뷰와 조사를 종합하여 나날의 생활 속에서 몰입이 일어나는 포인트를 정리했다.

① 달성 전망이 있는 과제에 임하고 있다.
② 자신의 행동에 집중할 수 있다.
③ 작업에 명료한 목표가 있다.
④ 직접적인 피드백이 있다.

칙센트미하이에 따르면 '인간은 일할 때에는 텔레비전을 볼 때보다 약 4배 큰 몰입 경험(깊은 주의 집중, 도전과 능력의 높은 조화, 통제감과 만족감)을 겪는다'라고 한다. '최적 경험'으로도 불리는 몰입은 '개인의 목표 달성을 위해 의식이 자유롭게 투사되는 상태'를 말한다. 앞서 말한 조사를 통해 몰입에는 8가지 주된 구성 요소가 있음이 밝혀졌다.

몰입의 구성 요소

몰입을 경험하기 위해서는
'정확한 목표'와
훈련된 '주의 집중'이
필요해.

⑤
무리가 없는 상태에서 하고 있다.

⑥
자신의 행동을 스스로 컨트롤하는 느낌이다.

⑦
몰입 상태에서는 자기 의식이 소멸한다. 몰입 후에는 자기 감각이 강하게 느껴진다.

⑧
시간이 경과하는 느낌이 달라진다.

10 자유로부터의 도피 (개정판)

저자: 에리히 프롬 / 역자: 김석희 / 출판사: 휴머니스트

자유를 절실히 원하면서도 한편으로는 복종을 바란다. 그처럼 상반되는 본능적 욕구를 가진 것이 인간이라는 존재이다. 과연 고독과 무력감을 극복하고 참된 자유를 거머쥘 수 있을까?

권위주의나 나치즘을 개인의 자유와 상반되는 것으로 생각하는 사람이 의외로 많을지도 모른다. 그러나 이 책은 개인의 자유가 권위주의나 나치즘의 요인이 되었다고 말한다. 사도마조히즘적 성격을 권위주의적 성격이라 부르고 그 공통점을 고독감과 무력감이라고 주장한다. '자유로의 도피'가 아니라 '자유로부터의 도피'라는 제목에 저자가 말하고자 하는 주제가 강하게 반영되어 있다.

프롬에 따르면 힘에는 2가지 의미가 있다. 지배와 능력이다. 당신 주변에도 권위주의적 성격이 강한 사람들이 있을 터이다. 그들의 의식 저변에는 고독감이 있다고 한다. 그들은 자신들보다 못한 '대상자'를 찾는다. 만약 당신이 삶의 괴로움을 느낀다면 누군가의 대상자가 되어 있진 않은지 확인하는 게 좋을 것이다.

'힘'의 의미와 권위주의적 성격

사디즘 성향을 가진 사람은 대상자를 의존시켜 착취하려고 한다.

그에 더해 고통받는 모습을 보고자 하는 욕구도 가졌다.

마조히즘적인 사람은 열등감, 무력감, 개인의 무의미함에 시달린다. 사디즘과 마조히즘의 근저에는 고독을 견디지 못한다는 공통점이 있다.

권위주의적 성격

사디즘

마조히즘

장르 경영 　　　 초판 발행 1996년

11 패러다임을 전환하면 미래가 보인다

저자: 조엘 아서 바커 / 역자: 황태호 / 출판사: 초당

인간의 사고를 얽매는 쇠사슬이 되는가 하면, 미래를 내다보아 성공으로 이끄는 길잡이도 되는 것이 '패러다임'이다. 이 패러다임의 개념을 이해하기 쉽게 설명한다.

미래는 좀처럼 예측할 수 없다. 인간은 상식이나 눈앞에서 일어나는 것에만 눈길을 주어 '변화의 조짐'을 놓쳐 버리기 때문이다. 이러한 일을 막는 열쇠가 되는 것이 패러다임이다. 신구 패러다임의 변화를 놓치지 않고 있으면 사회와 비즈니스의 변화를 예견하고 기회를 잡을 수 있을 것이다.

애초에 패러다임이란 무엇인가? 이 책은 다양한 사례를 통해 그것을 알기 쉽게 이야기한다. '패러다임 이동', 미래의 방향을 파악하는 것이 얼마나 중요한지 시계 시장을 예로 들어 설명한다. 오랫동안 시계 시장은 스위스 과점 체제였다. 그러나 1980년, 기계시계에서 전자시계로 패러다임이 이동하여 시장은 스위스에서 일본으로 옮겨 가고 말았다.

조직 구축에 있어서의 패러다임 전환

조직의 과제에 협동으로 대처하면서도 각자 자율적으로 움직이지.

중앙 집권형에 따른 폐해(조직의 경직화 등)를 해결하기 위해 분권화로 패러다임이 전환되었다.

상식 밖의 경제학 (10주년 기념판)

이제 상식에 기초한 경제학은 버려라!

저자: 댄 애리얼리 / 역자: 장석훈 / 출판사: 청림출판

우리의 결단은 대부분의 경우 '비합리적'이다. 만약에 그 이유를 이해하고 자신의
행동을 예측할 수 있다면……

전통적인 경제학에서는 인간이 합리적으로 최선의 행동을 한다고 예측했지만, 실제로
는 '상식 밖으로 비합리적'이라고 할 수 있다. '공짜' 앞에서는 합리적으로 판단하지 못하
는 것이 좋은 예이리라. 100엔과 10엔의 차이는 작지만 그것이 거저라면 이야기는 달라
진다. 이 심리를 이해하여 비즈니스에 활용하는 것은 충분히 가능하다. 사람들이 자신의
행동을 정하여 그 결의를 미리 밝히도록 하면 일을 미루는 습관도 해결할 수 있다.

행동을 촉구하는 2가지 전략

13 바바라 민토, 논리의 기술 (개정판)

논리적으로 글쓰기, 생각하기, 문제 해결하기, 표현하기

저자: 바바라 민토 / 역자: 이진원 / 출판사: 더난출판사

맥킨지를 비롯하여 세계의 주요 컨설팅 회사 등에서 글쓰기를 가르치고 있는 바바라 민토가 글 쓰는 법을 소개한다.

세계적인 글쓰기 코치 바바라 민토가 자신만의 문서 작성법을 자세히 알려 준다. 많은 사람이 글을 알기 쉽게 쓰지 못하는 이유는 논리 구조에 문제가 있기 때문이라고 저자는 지적한다. 자신이 고안한 '피라미드 원칙'을 제시하여 생각을 논리 정연하게 서술하는 테크닉을 전수한다. 서문에서 주의를 끄는 방법, 상대방을 설득하는 논리 등 글쓰기의 의문점에 적절한 틀로 대응한다.

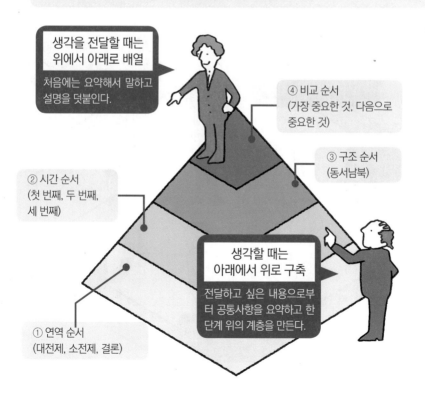

논리 피라미드

생각을 전달할 때는 위에서 아래로 배열
처음에는 요약해서 말하고 설명을 덧붙인다.

④ 비교 순서
(가장 중요한 것, 다음으로 중요한 것)

③ 구조 순서
(동서남북)

② 시간 순서
(첫 번째, 두 번째, 세 번째)

생각할 때는 아래에서 위로 구축
전달하고 싶은 내용으로부터 공통사항을 요약하고 한 단계 위의 계층을 만든다.

① 연역 순서
(대전제, 소전제, 결론)

3
업무기술·자기계발

103

브랜드 지지자들 (Brand Advocates)

열성 고객을 강력한 마케팅 인력으로

저자: 롭 푸게타 / 출판사: 존 와일리 & 선즈

SNS 시대에 아마존, 구글, 스타벅스 등의 기업이 실천하는 '앰배서더 마케팅'에 대한 내용을 자세하게 밝힌다.

어떤 기업을 열렬히 지지하여 대가를 바라지 않고 SNS 등에서 그 매력을 알리는 고객을 '앰배서더'라고 부른다. 그들의 힘으로 브랜드력을 확립한 기업은 아마존을 비롯하여 다수 존재한다. 이 책은 열광적인 지지자를 전력으로 바꾸는 마케팅 방법을 소개한다. 앰배서더를 어떻게 발굴할 것이며 그들과 어떻게 관계를 쌓으면 좋을지 설명한다. 앰배서더가 자발적으로 하는 활동은 아래와 같다.

앰배서더의 5가지 행동

경쟁사의 존재나 시장의 수요를 알려 준다.

서비스와 상품의 이용 경험을 호의적으로 증언한다.

예상 고객을 소개하고 상품 및 서비스 판매를 돕는다.

호의적인 리뷰를 작성하여 인터넷상의 평가를 높인다.

아이디어나 피드백을 제공해 준다.

15 머니볼

140년의 메이저리그 역사상 가장 기적 같은 역전 드라마

저자: 마이클 루이스 / 역자: 노은아, 김찬별 / 출판사: 비즈니스맵

야구단 단장 빌리 빈이 통계학적인 방법을 이용하여 메이저리그 최고의 가난한 구단을 강호로 변모시켜 가는 과정을 쫓은 논픽션 스토리가 담겨 있다.

2000년대 초엽의 메이저리그는 '구단의 힘=자본력'인 경향이 강하여 가난한 구단에는 승산이 없는 상황이 계속되었다. 그런 가운데 리그 최저 수준의 연봉 총액을 지출하고도 플레이오프에서 연승한 팀이 애슬레틱스이다. '세이버 매트릭스'라는 통계학적 관점에 입각한 독자적인 평가 방법으로 다른 구단과는 다른 가치판단에 의해 승률을 높이는 데 성공한 것이다.

3 업무기술·자기계발

세이버 매트릭스에서 중요시되는 4가지

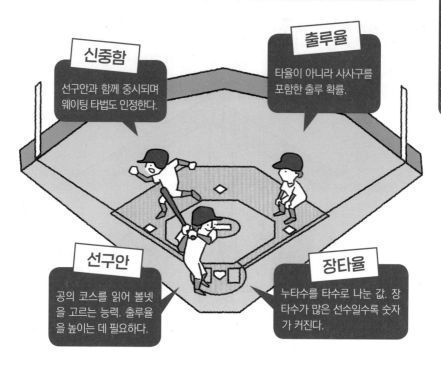

신중함
선구안과 함께 중시되며 웨이팅 타법도 인정한다.

출루율
타율이 아니라 사사구를 포함한 출루 확률.

선구안
공의 코스를 읽어 볼넷을 고르는 능력. 출루율을 높이는 데 필요하다.

장타율
누타수를 타수로 나눈 값. 장타수가 많은 선수일수록 숫자가 커진다.

16 총, 균, 쇠 (출간 25년 기념 뉴에디션)

인간 사회의 운명을 바꾼 힘

저자: 재레드 다이아몬드 / 역자: 강주헌 / 출판사: 김영사

소수의 스페인군이 어떻게 잉카 제국에 이길 수 있었는가. 인류가 생긴 이래로 되풀이되어 온 침략과 도태의 역사, 그 수수께끼에 다가선다.

세계사의 세력도는 침략과 도태가 되풀이되는 가운데 수없이 뒤바뀌어 왔다. 역사의 승자와 패자를 가른 요인은 총기와 금속기 기술의 유무, 농경 수확물과 가축의 종류, 운반·이동 수단의 차이, 정보를 전달하고 보존하는 문자의 존재 등 다방면에 걸쳐 있다. 지역에 따라 차이가 생겨난 원인을 문과·이과의 틀을 초월한 최신 지식을 바탕으로 밝혀 나간다.

유럽이 세계 식민지화에 성공한 이유

유라시아 대륙에는 가축화하기 쉬운 동물이 많고 식용으로 재배되는 식물의 질이 높으며 영토가 가로로 길어서 같은 위도에 개척하기 좋은 땅이 많았다는 것이 이유로 꼽힌다. 또 스페인의 남미 침략의 경우, 미 대륙에는 없었던 병원균을 스페인군이 옮긴 것도 한 요인으로 여겨진다.

17 알랭 인생론집 [アラン人生論集]

저자: 알랭 / 편자: 구시다 마고이치 / 출판사: 하쿠스이샤

『행복론』, 『인생론』, 『종교론』, 『교육론』 등 알랭의 대표작에서 꼽은 사색의 정수를 한 권에 모은 책이다. 인간을 긍정하는 알랭의 철학이 우리를 고무한다.

프랑스 철학자 알랭의 저서 중 하나인 『행복론』은 1925년 발간된 책으로 신문에 연재된 '프로포(철학 단상)'라는 형식의 칼럼을 바탕으로 하고 있으며 93개의 주제로 구성되어 있다. 행복이란 스스로 노력하지 않으면 획득할 수 없다고 알랭은 말한다. 한편, 널리 알려져 있는 이름 '알랭'은 필명으로, 본명은 에밀 오귀스트 샤르티에이다.

알랭의 5가지 저서

알랭이 남긴 신문 칼럼 중 넓은 의미에서의 종교적 성찰을 모은 책. 독자를 먼 곳으로 이끄는 힘을 지닌 프랑스 산문의 걸작이다.

'철학을 문학으로, 문학을 철학으로' 바꾸려 하는 알랭의 독특한 글들은 '프랑스 산문의 걸작'으로 평가되며, 특히 행복에 대한 이 책은 일본에서도 오래 전부터 사랑받아 왔다.

종교론

행복론

정념론

교육론

인간론

'인간은 짐승과 신의 중간에 있는 존재'라고 알랭은 정의한다. 이중성을 내포한 이런 인간의 문제를 부감(俯瞰) 시점에서 고찰하고, 관념론과는 거리를 둔 인간론을 전개한다.

20세기 철학에서 '정념'이란 죽은 개념이었다. 19세기 말에 철학 교육을 받은 알랭은 생리학적인 심리학의 성과를 음미하고 '정념'에 다다라 스스로의 사상의 핵심으로 삼았다.

평생 동안 한 명의 교사로서 프랑스 각계에 뛰어난 지성을 다수 배출한 철학자 알랭의 실천적인 인간 교육론 79편. 혼란에 빠진 현대 교육의 근간을 찾는 데 큰 지침이 되는 책이다.

화성에서 온 남자 금성에서 온 여자
(100만 부 기념 리커버 에디션)

저자: 존 그레이 / 역자: 김경숙 / 출판사: 동녘라이프

주기만 한 여자, 받기만 한 남자. 시간이 지남에 따라 이러한 성장곡선이 역전할 때 두 사람은 최고의 파트너가 된다.

심리학자 존 그레이는 남녀 사이에 존재하는 사랑의 원칙을 밝혀 미국에서 경이로운 매출을 기록했으며, 그의 책은 전 세계 남녀 커플의 바이블이 되었다. 책의 제목이기도 한 '화성에서 온 남자 금성에서 온 여자'라는 문구는 서로 다른 별에 사는 것만큼이나 남녀의 감정이 다름을 보여 준다. 이 원리 원칙을 알게 된다면 그동안 우리가 해 온 노력이 헛수고였음을 깨달을 수 있을 것이다.

남녀 간의 3가지 엇갈림

① 성장곡선의 엇갈림

여자는 자신을 희생하면서까지 '주는' 것을 배우며 자라지만 성장할수록 그 때문에 자신을 소홀히 하게 됨을 깨닫는다. 남자는 '받는' 것을 전제로 자라지만 성장할수록 '주는 기쁨'을 익힌다.

② 남녀 각자에게 중요한 것

남자에게 가장 중요한 것은 목표 달성이며 자신감과 자부심이 남자의 전부이다. 반면, 여자에게 가장 중요한 것은 커뮤니케이션, 즉 감정의 공유와 마음의 교류가 중요하다.

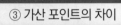

③ 가산 포인트의 차이

남자는 작은 것은 1점, 큰 것은 30점이라는 식으로 가산 포인트가 증감한다. 이와 달리 여자는 남자를 채점할 때 선물의 크기에 상관없이 '1개당 1점'으로 평가한다. 여자는 작은 행복이 쌓이기를 바라는 것이다.

column

비즈니스에 유용한 고전③

『논어』

Point 1 『논어』란

'덕(德)'에 대한 공자의 말을 그의 사후에 정리한 것. 덕으로 나라를 다스리면 나라가 안정되고 사람들이 행복해진다는 사상이다. 덕은 마음으로 느끼는 것으로 언어화하기는 어렵다. 그래도 굳이 정의하자면 신뢰와 존경이 자연스럽게 모이는 인간성을 말한다. 품성, 용기, 겸허, 성실, 이성 등을 균형 있게 갖춘 상태이다.

Point 2 오상

덕의 대표적인 5가지 가치관. 인(仁)·의(義)·예(禮)·지(智)·신(信)을 오상(五常)이라고 한다. 오상 중에서도 가장 중요한 덕목은 인으로, 상대를 배려하는 것, 사람을 사랑하는 것, 상대의 입장을 이해하는 것을 뜻한다. '능근취비, 가위인지방야이(能近取譬, 可謂仁之方也已—가까이에서 깨달음을 얻을 수 있으면 그것이 인을 실천하는 방법이다)'. 상대를 항상 자신처럼 생각하고 인의 입장에 중점을 두고 있는 사람을 인자(仁者)라고 부른다. 인협(仁俠)도 이런 사람을 가리키는 말이었다.

Point 3 군자

'덕을 갖추려 노력하는 사람. 또는 덕이 갖추어진 사람'을 말한다. 군자의 이야기는 『논어』에 자주 등장한다. 군자는 항상 인(仁)을 생각해야 하지만 현실은 꼭 그렇지 않다. 그러나 군자가 유달리 훌륭한 인격을 가졌음에는 변함이 없다. '군자병무능언, 불병인지불기지야(君子病無能焉, 不病人之不己知也—군자는 자신의 무능함을 걱정할 뿐 남이 자기를 알아주지 않는 것을 걱정하지 않는다)'. 이처럼 논어에는 총명한 리더로서 묘사되어 있다. 군자는 근면한 학도이기도 한데 두루 책을 읽고 예(禮)를 실천하면 길을 잘못 들 리 없다. 사람으로서 모범적인 존재인 것이다. 공자는 제자들에게도 적극적으로 군자가 될 것을 권했다.

Point 4 소인

소인이란 덕과 기량이 없는 소인배를 말하는데 『논어』에도 군자와 대비되는 존재로서 종종 등장한다. 예를 들어 '군자유어의, 소인유어리(小人喻於利, 小人喻於利—군자는 정의에 밝고 소인은 이익에 밝다)'. '군자상달, 소인하달(君子上達, 小人下達—군자는 위로 통달하여 인의에 밝고 소인은 아래로 통달하여 이익에 밝다)' 등이 있다. 소인의 생각과 행동은 일관되게 한심하고 어리석지만 반면교사로서 교훈을 준다. 공자의 제자 자하(子夏)도 소인에 대한 말을 『논어』에 남겼다. '소인지과야필문(小人之過也文—소인은 잘못을 하면 반드시 말을 지어내어 상황을 모면하려 한다)'. 잘못이 있으면 즉각 고치는 것이 진정한 군자의 모습이며 소인은 그 반대로 한다는 뜻이다.

Check

업무기술·자기계발

KEY WORD

상호성

받은 게 있으면 주어야 할 것 같은 심리. 이 '상호성의 원리'를 이용하여 작은 것을 주고 큰 것을 얻는 상업상의 전략이 널리 이용되고 있다. 가까운 예로는 시식이 있다. 원래 무료로 음식을 주어 맛보게 하고 손님이 살 만하다고 판단했을 경우 사게 하는 프로모션 전략이지만, 손님은 점원에게서 직접 음식을 건네받음으로써 그 맛과 상관없이 상품을 사야 할 것 같은 마음에 사로잡힌다. 또 고가의 상품을 거절한 뒤 저가의 상품을 권유받으면 손님에게는 거절하기 힘든 심리가 생긴다. 이는 저쪽에서 고가의 상품을 팔려다가 포기했으니 이쪽에서도 양보해야 한다는 심리가 작용하기 때문이다.

인격주의

인격주의에는 다음의 3가지 측면이 있다고 본다. '인격 향상과의 관련성에 따라 선악을 판단한다', '사회운동, 사회제도에 있어 인격을 존중한다', '인격 향상을 위해 노력한다'. 부단한 노력으로 자신의 상태를 높여 완전한 상태(바람직한 인격)로까지 끌어올리는 것이 가장 고귀하고 의미 있는 행동이라는 개념이다. 여기에서 인격은 ① 실제로 가진 인격(현재 인격), ② 높은 곳을 지향하는 인격(현재진행형 인격), ③ 바람직한 인격(목표로서의 인격)의 3가지로 구분된다. ①에서 ②로 나아가야 함을 깨닫는 것을 '자각'이라고 한다. 부단히 노력하여 ③의 상태로까지 높이는 것을 '인격 도야', '인간 형성', '교양'이라고 한다. 이 단계에서 인격주의는 교양주의로 이어진다.

낙천주의자

영어로는 옵티미스트(optimist). 참고로 라쿠텐(樂天)과는 관련이 없다. 낙천주의란 옵티미즘(optimism)의 번역어 중 하나이다. 낙관주의라고 할 때도 있다. 철학에서 사용될 경우 최선관(最善觀)으로 번역되는데, 이 세상에는 고통과 악 등이 존재하지만, 이 세계를 전체적으로 보면 존재할 수 있는 세계 중에서는 가장 좋다는 관점이다. 반대말은 비관주의(pessimism). 한편, 매사가 잘되리라고 생각하는 것을 '낙관적', 절망하지 않는 것을 '낙천적'이라고 표현한다.

몰입

인간이 무언가에 집중하고 있을 때의 역치를 넘어선 감각, 주위가 보이지 않을 만큼 완전히 빠져들어 그 과정을 활발히 전개하고 있을 때의 정신적인 상태를 말한다. 더 존(the zone), 절정 경험(peak experience), 무아의 경지, 무아지경 등으로도 불린다. 심리학자 미하이 칙센트미하이에 의해 제창되어 그 개념은 스포츠와 종교 등 다양한 분야에서 광범위하게 쓰이고 있다.

앰배서더

'앰배서더'는 '대사', '사절', '대표', '대리'로 번역되는 말로, '대사'란 국가 수장의 대리로서 타국에 파견되는 최상위 외교관을 말한다. 그렇지만 비즈니스 현장에서는 '자사 상품의 광고탑이 되는 사람'이라는 의미로 쓰이는데, 최근에는 SNS상의 유명 인물이 상품을 자발적으로 소개하여 상품의 지명도가 올라가는 예가 많아서 기업의 광고 전략에서도 중요시된다.

경영학 지식

비즈니스 현장에 있는 이상, 경영 관련 지식을 끊임없이 습득해야 한다.
변화가 극심한 현재를 살기 위한 경영학 지식이란?

기업 참모 [企業參謀]

저자: 오마에 겐이치 / 출판사: 프레지던트사

기업 참모로서의 전략적 사고를 중심으로 경영 기획 및 컨설팅 현장에서 빈번히 사용되는 틀, 그것들을 기업전략의 수립에 활용하는 방법 및 마음가짐 등을 폭넓게 소개한다.

자신의 직감이나 감각에만 의지하는 것은 좋지 않다. 기업 참모는 냉철한 분석과 인간의 경험 및 직감, 사고력을 가장 효과적으로 조합한 사고 형태를 추구해야 한다. 그것이야 말로 전략적 사고라고 불리는 기술이다. 매사를 타율적으로 받아들이는 게 아니라 곰곰이 생각해 보고 자율적으로 판단해야 비로소 기업 참모라는 말에 걸맞은 인재로 성장할수 있다.

기업 참모의 3요소

전략적 사고

50여 분의 작업에 2,000엔을 받는 이발소에서 실제 이발에 걸리는 시간은 10분 남짓이며, 나머지 시간은 마사지나 머리 감기 등에 쓰인다. 자택에서 씻고 오거나 하면 서비스 대부분은 요금을 안 받거나 낮출 수 있다.

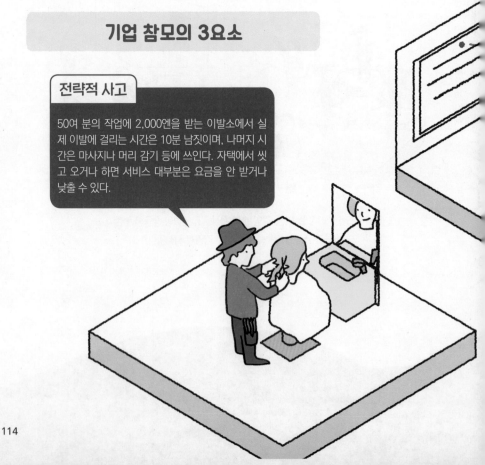

문제점을 식별할 때 기업 참모에게는 '현상을 추적하여 문제점을 좁히는 소양'이 요구된다. 적절히 추상화하면 기존의 해결책을 활용할 수 있다. 또 사업을 나눌 때에는 PPM(Product Portfolio Management)이 매우 유용하다. 전략적으로 어떤 사업을 강조할 것인지를 PPM으로 배분하면 시각적으로 이해할 수 있기 때문이다. 기업 경영자에게 적합한 관리법이라고 할 수 있으리라.

PPM
(Product Portfolio Management)

세로축을 업종의 매력도, 가로축을 자사의 강점으로 하고 몇 사분면에 각 업종 및 제품 계열이 위치하는지 확인하여 대략적인 방향성을 정하는 데 이용한다.

문제점 파악

문제 파악은 브레인스토밍으로 하든 뭐로 하든 상관없다. 새롭게 떠오르는 타사에 비하여 떨어지는 점을 모아 공통사항을 정리함으로써 그룹으로 봤을 때 공통되는 문제점을 발견한다.

마이클 포터의 경쟁전략

하버드 경영전략 교과서

저자: 마이클 포터 / 역자: 미래경제연구소 / 출판사: 프로제

하버드 비즈니스 스쿨에 재직 중인 마이클 포터 교수의 첫 저서로, 전략을 배우기로 결심한 사람이 제일 먼저 읽는 경쟁 전략론의 고전이자 스테디셀러이다.

경쟁전략을 세울 때 단서가 되는 것은 회사를 그 환경과의 관계에서 보는 방법이다. 회사를 둘러싼 환경은 천차만별이지만 그 중심은 업계, 즉 업계 구조의 양상이 경쟁 게임의 룰을 좌우한다. 그 고찰에서 비롯된 것이 '5가지 경쟁요인(5 Forces)'이다. 경쟁의 뿌리는 업계 구조 안에 있는데, 기본적으로는 아래의 5가지 요인이 경쟁 상태를 결정한다고 이야기한다.

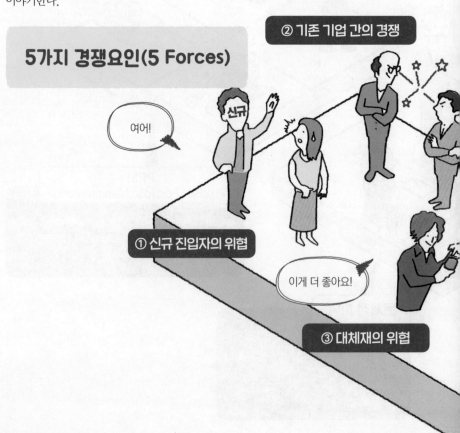

저자는 5가지 경쟁요인에 대처할 때 경합에서 이기는 기본 전략으로 '원가 우위(비용 면에서 우위에 서는 전략)', '차별화(자사 제품과 서비스를 차별화하는 전략)', '집중(특정 구매자나 제품 등에 기업의 자원을 집중하는 전략)'의 3가지가 있다고 말한다. 이러한 3가지 기본 전략을 실행하려면 전력투구의 의지, 조직 면에서의 지원 체제가 필요하다.

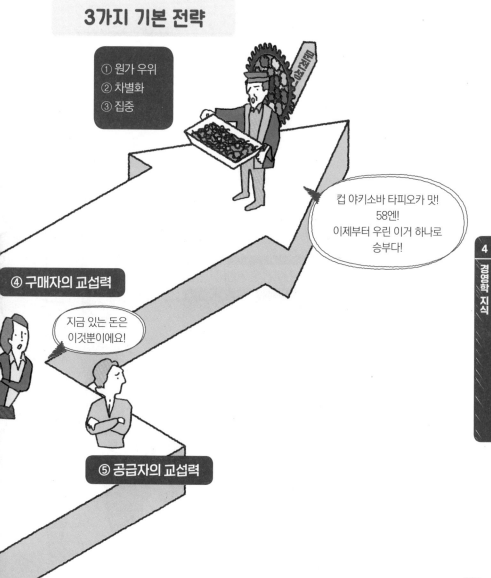

4

경영학 지식

03 전략의 거장으로부터 배우는 좋은 전략 나쁜 전략

성패의 50%는 전략을 선택하는 순간 결정된다

저자: 리차드 럼멜트 / 역자: 김태훈 / 출판사: 센시오

만약 당신의 회사가 구체성 없고 실현되지 못할 '나쁜 전략'을 자사의 목표, 비전, 가치관 등으로 내세우고 있다면……

'전략가를 위한 전략가'로 일컬어지는 리차드 럼멜트가 세상에 만연하는 여러 '나쁜 전략'을 분석하면서 좋은 전략이란 어떤 것인지를 자세히 말한다. '전략 수립의 요체는 중핵(진단, 기본 방침, 행동)에 있다'라는 그 전략론은 간결하고도 보편성이 있어 모든 조직에 유용하므로 '좋은 전략'을 세우는 단서가 될 것이다.

나쁜 전략의 4가지 특징

④ 잘못된 전략적 목표를 내건다

조직의 이상을 나타내는 '최종적 목표'와 전략을 실행하기 위한 '전략적 목표'는 구별해야 한다.

③ 목표와 전략을 혼동한다

전략적 목표는 구체적이어야 한다. '전국에 2,000개의 지점을 낸다' 등은 적합하지 않다.

① 미사여구

뻔한 것을 전문 용어나 업계 용어로 말하여 현혹시키는 전략이다.

② 중요한 문제를 회피한다

전략이란 원래 곤란한 과제를 극복하고 장해를 뛰어넘기 위한 것이다.

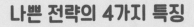

그렇다면 좋은 전략이란 무엇인가. 저자 럼멜트에 의하면 '좋은 전략은 충분한 근거에 입각한 튼튼한 기본 구조를 가졌기에 일관성 있는 행동으로 직결된다'라고 한다. 이 기본 구조를 '중핵(kernel)'이라고 부르며, 중핵은 앞서 말했듯 3가지 요소로 구성되어 있다.

좋은 전략의 기본 구조

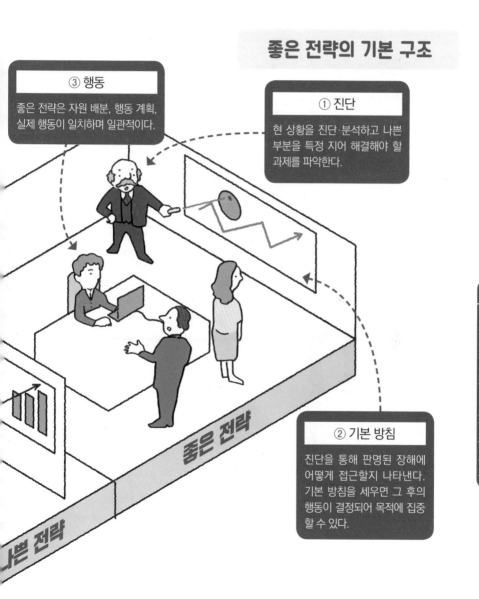

③ 행동

좋은 전략은 자원 배분, 행동 계획, 실제 행동이 일치하며 일관적이다.

① 진단

현 상황을 진단·분석하고 나쁜 부분을 특정 지어 해결해야 할 과제를 파악한다.

② 기본 방침

진단을 통해 판명된 장해에 어떻게 접근할지 나타낸다. 기본 방침을 세우면 그 후의 행동이 결정되어 목적에 집중할 수 있다.

경영의 실제

저자: 피터 드러커 / 역자: 이재규 / 출판사: 한국경제신문사

비즈니스계에서 최강의 영향력을 지닌 피터 드러커가 경영의 원점·상식을 밝힌
고전적 명저이다.

'경영의 아버지' 피터 드러커는 95년의 생애 동안 약 50권의 저서를 남겼다. 그중에서도
이 책은 드러커의 3대 고전 중 하나로 손꼽히는 종합 경영서이다. 1954년, 드러커가 44세
일 때 쓴 책임에도 그 내용은 영원히 빛바랠 기미가 없다. 기업 경영의 원리 원칙과 그 전
모를 내다보는 데 있어 필독서이다.

이 책에는 경영에 종사하는 자의 사명과 책임, 역할 등이 자세히 기술되어 있다. 고전으로 알려져 있으므로 책에 쓰인 말과 구절이 이미 여러 곳에서 다루어졌다. 그중에서도 특히 경영의 기능을 체계적으로 설명한 앞부분의 내용이 인용된 경우가 많다. 경영의 기능 측면을 언급하고 그 역할에 대해 지면을 대폭 활용하여 설명한다.

경영의 3가지 기능

05 야마토 성공법

달리는 검은 고양이

저자: 오구라 마사오 / 역자: 박대용 / 출판사: 북스힐

택배 사업의 선구자로서 '명경영자'로 불린 오구라 마사오의 첫 저서이다. 발간된 지 20년도 더 된 책이지만 빛바래지 않고 현대에도 크게 시사하는 바가 있다.

야마토 운수의 전 회장 오구라 마사오의 경영은 1+1을 2 이상으로 높이는 것이라고 할 수 있다. 야마토 운수의 '전원경영'은 조치대학 사회경제연구소에 있던 시노다 유지로 교수의 강연을 힌트로 탄생했다. '밖에 혼자 나가서 배달하는 기사들이 자발적, 자주적으로 행동하면 좋겠다'라는 바람이 '야마토는 나 자신이다'라는 사훈으로 표현된 것이다.

① 택배의 발견

'간사이 회사들은 높은 이익률을 자랑하는데 어째서 야마토는 이익 개선에 고전할까?'라는 의문으로부터 '소규모 화물이 압도적으로 돈이 된다'라는 사실을 발견한다.

② 전원경영

현장 제일선에서 일하는 '세일즈 드라이버'라 불리는 기사들의 의욕을 높이고, 전 직원이 정보를 공유하게 하는 '오구라식 경영의 근간'에 있는 것이 '전원경영'이다.

저자는 소규모 택배 사업의 경우에도 '간사이 회사들은 높은 이익률을 자랑하는데 어째서 야마토는 이익 개선에 고전할까?'라는 문제의식에서 시작하여 '소규모 화물은 돈이 된다'라는 결론을 도출했다. 당시 택배 사업은 어느 집에서, 어떤 화물을, 어디로 나를 것인지 불확실하여 집배 효율이 극히 나쁘기에 사업이 될 수 없다는 상식이 있었다. 그러나 오구라 마사오는 과감하게 상식을 의심하여 오늘날 택배 업계의 주춧돌을 놓았다.

야마토 운수의 5가지 포인트

③ 개인택배 사업으로의 진입

오구라는 요시노야를 힌트로 야마토 운수의 방침을 정했다. 요시노야는 '소고기 덮밥' 하나로 체인 사업을 벌여 성공한 덮밥 전문 체인점이다. 타깃 시장과 메뉴를 좁혀 새로운 업태를 개발했기에 길이 열린 것이다.

④ 서비스 우선주의

오구라는 택배 사업의 업무 회의에서 '수지는 일절 거론하지 않는다. 그 대신 서비스는 엄격하게 따진다'라고 강조했으며, '서비스가 우선, 이익은 나중'을 표어로 사업을 추진했다.

이거다!

⑤ 리더의 조건 10개조

1. 논리적 사고
2. 시대의 흐름을 읽는다
3. 전략적 사고
4. 공격적 경영
5. 행정에 기대지 않는 자립정신
6. 정치가에게 기대지 말라, 자구 노력만이 있을 뿐이다
7. 언론과의 좋은 관계
8. 밝은 성격
9. 자기 돈을 들일 것
10. 높은 윤리관

4

경영학 지식

코아 컴피턴스 경영혁명

저자: 게리 하멜, C. K. 프라헬러드 / 역자: 이경상 / 출판사: 신구미디어

21세기의 경쟁에서 이기는 열쇠는 10년 후의 시장과 고객을 상정하여 자신들의 강점, 경쟁력, '코아 컴피턴스'를 살리는 것이다.

원제인 '미래를 위한 경쟁(Competing For The Future)'이라는 말 그대로, 빛나는 미래를 어떻게 구축하면 좋을지 설명한 것이 이 책이다. 기업이 오래가지 못하는 이유는 나날의 경쟁에 쫓겨 '미래를 위한 경쟁'에 주력하지 않기 때문이다. 자사의 최대 강점 '코아 컴피턴스(핵심 역량)'를 파악하고 그것을 강화하여 미래 시장에 대비하는 자세야말로 현대 기업에 요구된다.

'코아 컴피턴스'의 이미지

시장에서 새로운 산업구조는 낡은 산업구조를 대체한다. 미래를 위한 경쟁에서 이기기 위해서는 끊임없이 기존 전략을 갱신해야 한다. 기존 산업의 경계선을 바꾸거나, 새로운 시장을 창조할 잠재력이 있는 기술, 라이프 스타일의 변화 등에 대해 경쟁사보다 뛰어난 식별 감각을 갖고 미래 시장의 규모와 구조를 파악하는 일이 중요하다.

기존 시장의 틀을 넘는다.
기존 상품·서비스에서 생각하지 말고 기능에 초점을 맞춘다. 원래의 기능을 새롭게 활용하는 것이 미래를 창조하는 한 방법이다.

회사의 미래상을 상상한다.
미래에 대한 훌륭한 가설, 산업 발전의 모습을 또렷이 상상하면 회사의 방향성이 정해진다. 부가가치, 기업력, 고객과의 접점을 통해 미래를 대비한다.

소니는 '소형화'라는 코아 컴피턴스를 갖고 워크맨 등의 상품을 생산했다. 코아 컴피턴스는 경쟁력의 근원이고 각각의 상품·서비스는 열매이다.

07 아메바 경영(리커버)

반세기 동안 증명해낸 최적의 경영 비법

저자: 이나모리 가즈오 / 역자: 양준호 / 출판사: 한국경제신문사

소집단에 의한 부문별 채산, 자유도 높은 조직, 경영자 의식을 가진 팀 리더의 육성……. 교세라를 뒷받침한 '아메바 경영'이란?

발전을 거듭해 온 교세라의 원동력이 된 것은 창업자이자 이 책의 저자 이나모리 가즈오가 창안한 '아메바 경영'이다. 조직을 '아메바'라 불리는 소집단으로 나누어 사내 리더에게 각 아메바의 경영을 맡김으로써, 직원 한 명 한 명이 자주적으로 참여하는 '전원 참가

아메바 경영의
3가지 목적

각 집단의 경영을 맡은 리더는 '자신은 경영자다'라는 의식이 있어 책임감이 생긴다.

❷ 경영자 의식을
가진 인재의 육성

❶ 아메바 확립

회사를 작은 집단으로 분할하고 '원자재 부문이 성형 부문에 자재를 파는' 형태로 서로 매매하여 독립적으로 채산을 맞춘다.

❸ 전원 참가형 경영의 실현

경영 상황에 관한 주요 정보가 전 직원에게 공개되어, 전 직원이 회사 상황 및 문제점을 이해하고 자주적으로 기업 활동에 참여하는 토양이 마련된다.

형 경영'을 실현한 것이다. 47년의 기업 역사를 통해 길러 온 경영 방법의 전모를 밝힌다.
아메바 경영은 '시간당 채산 제도'에 따라 채산을 관리한다. 매출액에서 노동비를 제외한
실비를 뺀 것을 '부가가치'로 친다. '매출 최대, 경비 최소'를 실현하기 위해서는 각 직원
및 집단이 얼마만큼 부가가치를 낳았는지가 중요하다. 그것을 알기 쉽게 나타내는 방법
이 시간당 채산 제도이다.

현장이 주역인 채산 관리

부가가치를 시간당으로 산출

총부가가치를 총노동시간으로 나누어
시간당 부가가치를 산출한다. 이를 바탕
으로 각 아메바는 연차별·월차별 목표
를 설정하고 실적을 관리한다.

'이념'을 공유한다

아메바 경영에서는 저마다 독자
적으로 이익을 추구하기에 대립
하기 쉽다. '인간으로서 무엇이
올바른가'를 판단 기준으로 한
이념(경영 철학)을 공유하여 개
인과 전체를 조화시킨다.

마켓 3.0

모든 것을 바꾸어놓을 새로운 시장의 도래

저자: 필립 코틀러 / 역자: 안진환 / 출판사: 타임비즈

'1.0(제품 중심)', '2.0(소비자 지향)'을 거쳐 '3.0'의 시대로! SNS가 큰 영향력을 가진 이 시대의 요구에 부응하기 위하여 마케팅은 진화한다.

정보기술의 진보는 우리의 생활을 극적으로 변화시켰지만 변화한 것은 마켓도 마찬가지이다. 제품을 파는 '1.0'에서 고객의 만족도가 우선되는 '2.0', 그리고 SNS를 통하여 하나의 개인이 많은 소비자에게 영향을 주는 '3.0'의 시대로 돌입했다. 지금 현재와 앞으로의 시대에 필요한 마케팅의 원칙을 '근대 마케팅의 아버지'인 필립 코틀러가 설명한다.

마켓 3.0의 세계

참여의 시대

소셜 미디어가 대두함에 따라 블로그와 트위터상의 '폭주'현상 및 악플 등이 소비자들의 행동에 큰 영향을 미치게 되었다.

마켓 3.0에서 마케터는 사람들을 단지 소비자로 여기는 게 아니라 마음과 감정과 정신을 가진 전인적인 존재로 보고 다가간다. 한편, 소비자는 글로벌화된 세계를 보다 나은 장소로 만들고 싶은 바람에서 그 해결책을 요구하게 되었다. 마켓 3.0을 실행하는 기업에는 커다란 사명, 비전, 가치를 가지고 공헌하는 자세가 요구된다.

창의적 사회

과학, 예술 등 창의적인 분야에서 일하는 사람이 주역이 된다. 소비자는 자기표현 및 협동에 적극적으로 소셜 미디어를 최대한 이용한다.

세계화 패러독스

세계화에 따라 세계 경제는 서로 연결된다. 그러나 평등한 경제는 창출하지 못하여 지역에 한정되어 있던 빈곤이 '수출'된다.

09 도요타 생산방식

틀에서 벗어난 경영을 목표로

저자: 오노 다이이치 / 역자: 김현영 / 출판사: 미래사

전쟁 후 '세계의 제조업을 바꿨다'라고까지 일컬어졌던 '도요타 생산방식'. 이 책에 자주 나오는 '개선'이라는 말은 'KAIZEN'이라는 영어 단어까지 되었다.

도요타 생산방식이 본격적으로 운영되기 시작한 것은 제2차 세계대전 후의 일이다. 그 바탕에는 도요타 그룹 창업자인 도요타 사키치의 '자동화(自働化)'와 도요타 자동차 창업자인 도요타 기이치로의 '저스트 인 타임(just in time)'이라는 이념이 있다. 그저 기계화하는 것이 아니라 인간의 지혜를 탑재하고(자동화) 필요한 부품을 필요한 때에, 필요한 만큼 입수하여(저스트 인 타임) 생산 현장의 낭비를 줄이고 생산 효율을 끌어올리는 데 성공했다.

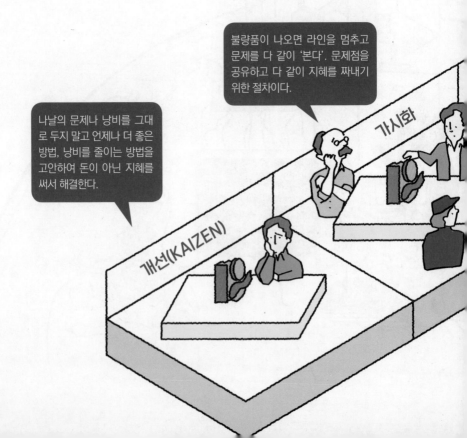

포드 이후의 대량생산 방식과 달리, 작업 과정에서 여분을 두지 않고 여분을 만들지 않는 것을 기본으로 한 생산·운반 체제이다. 이것을 실현하고자 정보를 전달하고 생산을 지시하기 위해 도입한 것이 '간판(작업지도표)'이다. 한때 '간판'이 큰 주목을 받으며 '도요타 생산방식'이 아닌 '간판 방식'이라고 불린 시기도 있었다.

도요타 생산방식의 4가지 체제

낭비 제거

'낭비'와 '부수 작업(원래는 낭비지만 현재는 필요한 작업)', '실제 작업'으로 나누어 낭비를 줄이고 부수 작업을 개선하여 실제 작업의 비율을 높인다.

'왜'를 5번 반복

문제가 생겼을 때는 책임 추궁보다 원인 규명을 중시하는 것이 도요타의 생산방식이다. 놓치는 부분이 없도록 '왜'를 반복한다.

10 코끼리를 춤추게 하라(개정판)

위기의 IBM을 부활시킨 책

저자: 루이스 거스너 / 역자: 이무열 / 출판사: 북앳북스

붕괴 직전의 IBM에 CEO로 취임해 회사를 부활시킨 루이스 거스너. 관료적이고 비효율적인 거대 기업을 민첩하게 싸우는 조직으로 변모시킨 비결을 밝힌다.

붕괴가 임박한 IBM을 소생시킨 루이스 거스너가 기업의 대개혁 과정, 그리고 자신의 경영 철학을 상세하게 기술한 것이 이 책이다. 역사와 전통이 있는 거대 기업을 불과 몇 년 만에 부활시킨 그 방법은 '딴 세상 이야기'로 받아들여지기 쉽지만, 많은 중소기업에도 참고가 되는 지혜로 가득하다. 거스너는 이 대개혁을 3가지 교훈에 따라 추진했다.

① 초점을 명확히 한다

기간 사업이 어려워져 새로운 사업으로 진출했다가 실패한 기업은 얼마든지 있다. 기존 사업을 다시 활성화하기는 힘들지만, 신규 사업보다 훨씬 용이하여 실패할 확률은 낮다.

거스너는 현장으로 나가 고객과 직원을 만나면서 IBM이 안고 있는 문제점을 찾아냈다. 또 IBM이 고객을 첫째로 생각하는 기업임을 보여 주고자 간부가 큰손 고객을 방문하는 '끌어안기(bear hug) 작전'을 시행했다. 이러한 눈물겨운 전략을 거듭하여 그것을 기업 문화로 침투시켰다. 이 책에는 거스너가 직원들에게 보낸 다수의 메일이 60쪽에 걸쳐 게재되어 있어 그의 열정을 느낄 수 있다.

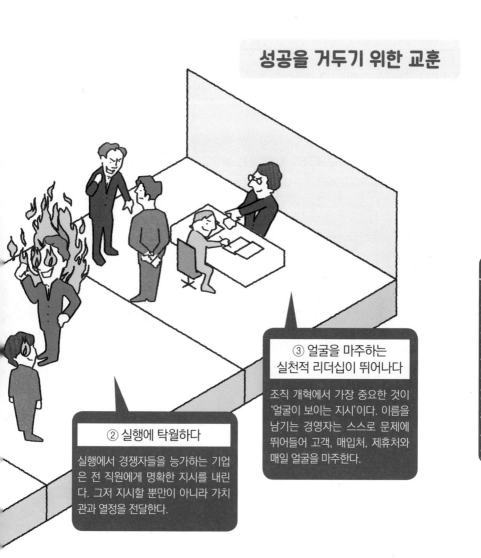

성공을 거두기 위한 교훈

② 실행에 탁월하다

실행에서 경쟁자들을 능가하는 기업은 전 직원에게 명확한 지시를 내린다. 그저 지시할 뿐만이 아니라 가치관과 열정을 전달한다.

③ 얼굴을 마주하는 실천적 리더십이 뛰어나다

조직 개혁에서 가장 중요한 것이 '얼굴이 보이는 지시'이다. 이름을 남기는 경영자는 스스로 문제에 뛰어들어 고객, 매입처, 제휴처와 매일 얼굴을 마주한다.

4

경영학 지식

당신은 뼛속까지 경영자인가 (CEO의 서재 시리즈 2)

저자: 해럴드 제닌, 앨빈 모스코우 / 역자: 권오열 / 출판사: 오씨이오

유니클로 회장 야나이 타다시가 '내 인생 최고의 교과서'라고 말한 책이다. '완전무결한 전략의 환상'을 일축하는 경영론이란?

'경영이란 경영하는 것이다'. 이 책에는 이 말이 몇 번이고 등장한다. '경영에 서프라이즈는 필요 없다'라고 말한 제닌은 '높은 목표를 내걸고 그것을 향해 시행착오를 거듭하며 끝까지 헤쳐 나간다'라는 우직한 신념을 가졌다. 성공한 기업에는 '완전무결한 전략이 있다'라는 환상을 가진 사람도 있을지 모른다. 그렇지만 중요한 것은 시행착오를 되풀이한 경험이 바탕에 있어 성공하는 전략이 세워졌다는 점이다.

우리가 접하는 경영론은 성공자들의 후일담인 경우가 대부분이다. 물론 제닌은 그저 죽어라고 애를 쓰면 된다고 말하는 게 아니다. 전략의 원형을 짜는 것은 중요하지만 매사는 예측대로 흘러가지 않는다. 오히려 예측하지 못한 사태에서 출발하여 목표를 달성할 때까지 거듭 시도하는 것이 더 중요하다. 마법의 이론을 날려 버리는 제닌의 정론이 가슴에 꽂힌다.

역산 스케줄링

프로핏 레슨

최고 이익을 만드는 23가지 경영수업

저자: 에이드리언 슬라이워츠키 / 역자: 조은경 / 출판사: 다산북스

'어디에서 이익이 발생하는가'라는 포인트에서 사업을 모델화하여 어느 사업이 어느 모델에 들어맞는지 진단할 수 있다.

이 책에는 23가지 이익모델이 제시되어 있다. 세상에 존재하는 사업은 이 가운데 어느 한 모델에 들어맞는다기보다 여러 모델의 조합으로 이루어진 경우가 더 많을지도 모른다. 그래도 성공한 사업에는 그것을 위한 모델이 정확히 반영되어 있다. 자사를 대입해 보고 이 중에서 응용할 수 있는 부분은 없는지, 놓친 부분은 없는지 점검해 보자.

23가지 이익모델

(1) 고객 솔루션 이익모델
(2) 제품 피라미드 이익모델
(3) 다중요소 이익모델
(4) 스위치보드 이익모델
(5) 시간 이익모델
(6) 블록버스터 이익모델
(7) 배가증식 이익모델
(8) 기업가 정신 이익모델
(9) 전문가 이익모델
(10) 기준 설정 이익모델
(11) 업계 표준 이익모델
(12) 브랜드 이익모델
(13) 전문제품 이익모델
(14) 지역 리더십 이익모델
(15) 거래 규모 이익모델
(16) 가치사슬 포지션 이익모델
(17) 사이클 이익모델
(18) 판매 후 이익모델
(19) 신제품 이익모델
(20) 상대적 시장점유율 이익모델
(21) 경험곡선 이익모델
(22) 비즈니스 전환 이익모델
(23) 디지털 이익모델

이 모델들을 어떻게 적용할 수 있을지 생각해 보자.

각 모델의 내용은 책 속에 자세히 쓰여 있어.

13 기업가치평가 (7판)

저자: 팀 콜러, 마크 고드하트, 데이비드 웨셀 / 역자: 김종일 / 출판사: 인피니티북스

기업가치평가 분야의 명저 가운데 하나로 알려진 책이다. 1990년에 발간된 이래 근 30년에 걸쳐 지지받고 있다.

이 책이 근 30년에 걸쳐 지지받는 이유는 그 밑바탕에 '투하자본이익률(ROIC, Return on Invested Capital)과 성장에 끝까지 주력해야 한다'라는, 심플하지만 강력하고 일관된 메시지가 있기 때문이다. 이는 CFO뿐만 아니라 CEO을 비롯한 모든 경영자가 알아 두어야 할 것이다. 비즈니스가 복잡해지면 복잡해질수록 지침이 되는 신념이 될 것이다.

ROIC의 내역

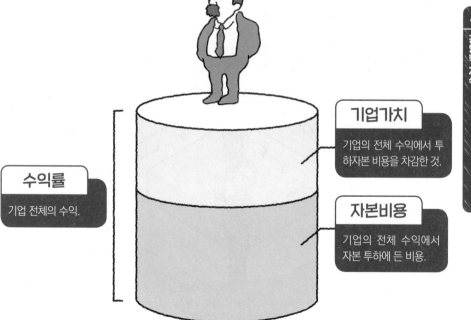

기업가치

기업의 전체 수익에서 투하자본 비용을 차감한 것.

수익률

기업 전체의 수익.

자본비용

기업의 전체 수익에서 자본 투하에 든 비용.

4

경영학 지식

14 혁신기업의 딜레마 (개정판, HBSP 경제경영 총서)

미래를 준비하는 기업들의 파괴적 혁신 전략

저자: 클레이튼 크리스텐슨 / 역자: 이진원 / 출판사: 세종서적

'업계를 지배하는 거대 기업은 그 우수한 경영 전략 때문에 스러져 간다'. 그 이유는 무엇인가?

일반적으로 새로운 기술이란 제품의 성능을 높이는 것으로 '존속적 기술'이라 불린다. 대부분의 새로운 기술은 이 존속적 기술이지만 '파괴적 기술'이 나타날 때가 있다. 그것은 가격이 낮고 작고 심플하며 쓰기 편한 경우가 많다. 예를 들어 개인용 컴퓨터(PC)의 등장은 소형 컴퓨터를 과거의 유물로 전락시켰다. 대기업을 쇠퇴로 이끄는 '혁신의 딜레마'를 야기하는 것은 이러한 파괴적 기술이다.

파괴적 혁신

스마트폰은 정보 통신 기기 시장에 등장한 지 약 10년 만에 보급률 85%를 차지할 만큼 성장했다. 반면 원래 60% 이상을 차지했던 피처폰은 현재 11.3% 정도까지 위축되었다.

휴대전화 시장

15 좋은 기업을 넘어 위대한 기업으로

위대한 기업과 괜찮은 기업을 가르는 결정적 차이는 무엇인가

저자: 짐 콜린스 / 역자: 이무열 / 출판사: 김영사

비약한 기업에는 '단계 5의 리더'가 존재한다. 단계 5의 리더는 누구를 버스에 태울지를 결정하고 나서 목표를 선택한다.

저자 짐 콜린스는 과거 15년간 주식 운용 수익을 시장 수준으로 유지하다가 어느 순간 일변하여, 그 후 15년간 시장 평균의 3배가 넘는 수익을 낸 기업들을 이 책에 선별해 놓았다. 도약에 성공한 기업과 그렇지 못한 기업의 차이는 어디에 있는가? 도약한 기업에는 키맨이 되는 '단계 5의 리더'가 있다. 그들은 겸허하지만 의지가 강하고, 신중하지만 대담한 양면성을 지녔다.

5단계 리더의 5가지 특징

2단계(조직에 기여하는 팀원)
조직의 목표를 달성하기 위해 자신의 능력을 발휘하고 조직 안에서 다른 이들과 협력하는 사람.

4단계(유능한 리더)
명확하고 설득력 있는 비전과 그 실현을 위해 노력하고 더 높은 수준의 실적을 달성하기 위해 조직에 자극을 가하는 사람.

1단계(유능한 개인)
재능, 기술, 근면함으로 생산적인 일을 하는 사람.

3단계(역량 있는 관리자)
인력과 자원을 조직화하고 결정된 목표를 효율적이고도 효과적으로 좇는 사람.

5단계(단계 5의 경영자)
개인으로서의 겸허함과 직업인으로서의 강한 의지라는 모순된 성격의 조합으로 기업의 위대함을 지속시키는 사람.

4

경영학 지식

한번 고객을 평생의 고객으로 만드는 법

저자: 칼 소웰, 폴 브라운 / 역자: 정성호 / 출판사: 장락

고객이 무엇을 원하는지 알고 고객을 소중히 하면 그들은 몇 번이고 돌아온다. 업계 1위의 자동차 딜러가 자신의 비결인 서비스 철학을 전수한다.

이 책은 미국의 서비스 혁명을 선도했다고도 일컬어진다. 저자는 철저하게 '최고의 고객 서비스'를 제공하여 회사를 크게 성장시켰다. 그러한 스스로의 경험을 바탕으로 단순 고객을, 거금을 가져다주는 '평생 고객'으로 만드는 노하우를 자세히 설명한다. 어떤 기업·조직의 활성화에나 유용한 고객 서비스의 비법을 명쾌한 어조로 전달한다.

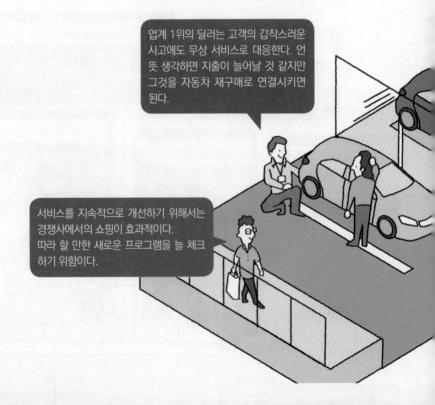

업계 1위의 딜러는 고객의 갑작스러운 사고에도 무상 서비스로 대응한다. 언뜻 생각하면 지출이 늘어날 것 같지만 그것을 자동차 재구매로 연결시키면 된다.

서비스를 지속적으로 개선하기 위해서는 경쟁사에서의 쇼핑이 효과적이다.
따라 할 만한 새로운 프로그램을 늘 체크하기 위함이다.

저자 칼 소웰은 아버지가 경영하는 자동차 회사에 입사한 후 회사를 크게 키웠다. 그 성공의 열쇠는 '최고의 고객 서비스'를 제공하는 것이었다. 그로써 '처음 온 고객'과 '한번 고객'이 '평생에 걸친 고객'이 되었고 실적을 대폭 늘리는 요인이 되었다. 최고의 서비스는 언뜻 이익을 압박하는 듯 보였으나, 그것이 주효했다.

업계 1위 딜러의 노하우

'평생 고객으로 만드는' 데 있어 무엇이 중요한가. 다양한 시책을 펼 때 명심해야 할 부분은 다음과 같다. '중요한 것은 단 하나, 「고객이 무엇을 원하는가」이다. 그리고 그것을 정확히 파악하는 유일한 방법은 「고객에게 그것을 묻는 것」이다.'

무조건 무료 보장은 아니고, 출장 수리로 배터리 등을 교환해야 한다면 정규 요금을 청구한다. 그러나 열쇠가 망가졌다거나 펑크가 났다거나 하는 비상사태에는 무료로 대응한다. 무료·유료의 기준은 다음과 같다. '비상사태일 때는 무료로 돕는다. 친구라면 그럴 테니까.'

장르 경영 ｜ 초판 발행 1998년

17 광고, 이렇게 하면 성공한다

저자: 존 케이플즈 / 역자: 송도익 / 출판사: 서해문집

사람의 마음을 울리는 광고란 무엇인가? 이 막막한 주제를 이론적으로 검증하고 탐구한, 광고업계의 바이블과도 같은 존재로 알려진 고전이다.

이 책은 '광고는 헤드라인이 아주 중요하다는 점', '광고는 「어떻게 말하느냐?」보다 「무엇을 말하느냐?」가 더 중요하다는 점', '광고는 거듭 테스트하여 효과를 계측하는 것이 중요하다는 점'의 3가지에 주안점을 두고 설명한다. 이에 대한 실천적인 문형을 풍부하게 들어, 카피라이팅이 필요한 사람의 필독서이다.

광고의 3대 요점

18 구글은 어떻게 일하는가

에릭 슈미트가 직접 공개하는 구글 방식의 모든 것

저자: 에릭 슈미트, 조너선 로젠버그, 앨런 이글 / 역자: 박병화 / 출판사: 김영사

구글은 어떻게 하여 경이로운 속도로 세계적인 기업으로 발전했을까? 구글 회장과 임원들이 그 원칙을 이야기한다.

기술의 진보로 모든 변화가 가속화된 오늘날, 사업에 성공하는 가장 좋은 방법이란 무엇일까. 저자들에 의하면 그 열쇠는 다면적인 권력을 가진 새로운 타입의 직원 '스마트 크리에이티브'가 쥐고 있다. 그들을 끌어들이고 의욕을 북돋워 목표를 달성할 수 있는 환경을 갖춘다. 그것이 성공의 비결이라며 구체적인 방법을 몸소 설명한다.

구글의 기본 원칙

좋은 의미에서 '일벌레'

일과 삶의 균형은 선진 경영의 척도로 여겨지지만 우수하고 의욕적인 직원에게는 성가시게 느껴지는 요소이기도 하다. 일과 삶은 뗄 수 있는 것이 아니며 매니저는 일에 충실히 임할 책임이 있다.

4

경영학 지식

베이조스의 '피자 2판의 법칙'

조직의 구성단위는 '작은 팀'이어야 한다. 아마존의 설립자 제프 베이조스는 '피자 2판의 법칙'을 제시했다. 피자 2판으로 충분한 정도의 규모가 조직의 구성단위로 알맞다는 것이다.

직원을 비좁은 장소에 밀어 넣는다

직원을 좁은 장소에 욱여넣어 커뮤니케이션 및 아이디어 교환을 촉진한다. 스마트 크리에이티브는 교류 속에서 진가를 발휘한다. 서로 손을 뻗으면 닿는 환경이 아이디어를 낳는다.

창조형 리더는 원칙을 배반한다

저자: 윌리엄 C. 테일러, 폴리 라바르 / 역자: 안진환, 이수경 / 출판사: 뜨인돌

상식에 얽매이는 일 없이 독창적인 아이디어를 실행하고, 최고의 인재를 모아 일
하는 방식 그 자체를 바꾼다.

창조형 리더(maverick)란 파격적이고 독자적인 발상으로 크게 도전하는 사람이라는 의
미이다. 이 책은 다양한 업계의 창조형 기업을 다루어 그 독창적인 아이디어, 경영 전략,
인재 활용법 등을 소개한다. 모방을 피하고 독자적인 가치관으로 급격히 실적을 확대하
는 그들의 모습은 비즈니스의 미래상을 그리는 데 있어 업종과 상관없이 큰 힌트가 될
것이다.

고객과의 '심리적 계약'

고객을 획득하는 열쇠는 '심리적 계약'을 맺는 것이다.
즉, 기업과 직원, 직원과 고객 사이를 강한 연결고리로
잇는다. 고객과 강한 연결고리를 갖기 위해서는 모든 소
비자를 연결하는 것이 아니라 '제한된 범위의 소비자에
게 초점을 맞추는' 것이 중요하다.

소 비 자

20 전원경영 [全員經營]

자율분산 혁신 기업, 성공의 본질

저자: 노나카 이쿠지로, 가쓰미 아키라 / 출판사: 니혼게이자이신문 출판

전 세계의 움직임이 지수 함수적으로 빨라져 가는 요즘에는 점점 톱다운식 경영이 통하지 않고 있다. 이런 상황에는 '전원경영'으로 임해야 한다.

실천적 지혜에 뛰어난 직원 한 명 한 명이 CEO만큼이나 자율적으로 판단·행동하여 기동전을 펼친다. 이러한 경영 방침을 이 책에서는 '전원경영'이라고 부른다. 그러나 많은 기업이 아직도 피라미드형의 관료적 조직 구조를 취하고 있는 것이 현실이다. 필요한 것은 기업의 이념과 비전을 공유하고, 전체와 부분이 닮은꼴을 이루는 '프랙털(fractal)'한 조직 구조로 이를 지탱하는 일이다.

실천적 지혜가 뛰어난 인재의 6가지 능력

⑤ 온갖 수단을 구사하여 개념을 실현하는 정치력.

④ 직시한 본질을 개념화하고 이야기로 전달하는 능력.

③ '자리'를 시의적절하게 만드는 능력.

⑥ 실천적 지혜를 반영하여 조직화하는 능력.

① '무엇이 좋은 일인가'에 대한 판단 기준을 갖고 '좋은 목적'을 만드는 능력.

② 있는 그대로의 현실 속에서 본질을 직시하는 능력.

4

경영학 지식

히스토리가 되는 스토리 경영

저자: 구스노키 겐 / 역자: 이용택 / 출판사: 자음과모음

우수한 전략이란 무엇인가. 저자는 '전략이 스토리가 되었는가'를 역설한다. 골문을 항해 나아가는 이미지가 동영상처럼 눈앞에 펼쳐진다.

처음부터 완성된 스토리가 있는 것이 아니다. 전략 콘셉트와 전략 스토리 원형을 사전에 구상해야 고객의 모습이 영화의 한 장면처럼 떠오르는 것이다. 또 장기적으로 우위성이 지속되는 스토리에는 '언뜻 비합리해' 보이는 부분이 혼재한다. 부분적으로 보면 낭비이지만 스토리 전체로 보면 합리적이다.

강한 스토리의 전체 이미지

22 갤럭시S의 경쟁자는 코카콜라다

업계의 울타리를 뛰어넘는 고객 쟁탈전이 시작됐다

저자: 우치다 카즈나리 / 역자: 이서연 / 출판사: 비즈니스맵

최근 들어 업계의 울타리를 뛰어넘는 '고객 쟁탈전'이 극심해졌다. 예기치 못한 라이벌의 등장, 수익 구조의 파괴 등 진화하는 비즈니스 모델 경쟁의 본질을 이야기한다.

오늘날 카메라 업계에서는 소니와 파나소닉이 점유율 경쟁의 상위에 얼굴을 내밀고 있다. 은행업계에는 이온(AEON)과 세븐일레븐이 참여했다. 이처럼 서로 다른 업종의 기업이 한 시장을 놓고 벌이는 싸움을 '이업종(異業種) 격투기'라고 저자는 명명했다. 이 책에는 앞으로 다양한 업계에서 일어날 이업종 간의 싸움을 해석하기 위한 틀이 제시되어 있다.

사업 연쇄

카메라가 필름 형식에서 디지털 형식으로 변하자 휴대전화에 카메라를 탑재할 수 있게 되었다.

24h

필름 시대에는 현상소가 필요했지만 디지털 시대가 되자 카메라에 데이터를 저장할 수 있게 되었다.

비즈니스 모델

4

경영학 지식

147

고객이 열광하는 회사의 비밀

저자: 프레드 라이켈트, 롭 마키 / 역자: 정지택 / 출판사: 청림출판

애플, 아메리칸 익스프레스, 자포스, 필립스 등 '팬 고객'을 같은 편으로 끌어들여 성장하는 기업에 있는 법칙이란?

경영자는 고객 충성도의 중요성을 인식하고 있지만 그것은 종잡을 수가 없다. 그래서 컨설팅 회사 베인앤드컴퍼니는 '순추천지수(NPS, Net Promoter Score)'를 고안했다. 이에 따라 고객 충성도를 측정할 수 있다. NPS는 '이 회사(의 서비스, 제품, 브랜드)를 친구나 동료에게 추천할 의향이 얼마나 있습니까?'라는 질문으로 구할 수 있다.

고객 행동의 3분류

❶ 추천자

재구매 비율이 월등히 높다. 소개받은 사람의 80% 이상이 추천자에게서 권유를 받는다.

❷ 중립자

그럭저럭 만족한 고객으로 재구매 비율과 추천율은 '추천자'에 비해 대폭 낮다.

❸ 비판자

비판자의 입소문은 부정적인 의견이 80%를 차지한다.

돈 버는 마케팅은 분명 따로 있다

지금보다 수익을 10배 올리는 실전 판매전략

저자: 제이 에이브러햄 / 역자: 이정은 / 출판사: 더난출판사

만 명의 경영자를 지도해 온 최고의 마케터 제이 에이브러햄이 경영의 세세한 개선점에 대해 풍부하고 구체적인 사례를 들어 설명한다.

저자 에이브러햄에 따르면 사업을 키우는 방법은 단 3가지이다. ① 고객 수를 늘린다, ② 고객 한 명당 평균 구입액을 늘린다, ③ 고객의 구입 빈도를 늘린다. ①을 실현하는 방법은 실로 간단한데, '떠난 고객'을 다시 붙잡는 것이다. 예를 들어, 딱 한 번 이용한 고객에게 DM이나 쿠폰을 보내는 등 판촉 활동을 벌이는 것이 이에 해당한다.

사업 확대의 3단계

25 80/20 법칙 (20주년 기념 개정증보판)

저자: 리처드 코치 / 역자: 공병호 / 출판사: 21세기북스

최소한의 노력으로 최대한의 효과를 낳는 법칙인 '파레토 법칙(80/20 법칙)'. 투입, 원인, 노력 같은 소소한 부분이 산출, 결과, 보상 같은 커다란 부분을 야기한다는 법칙이다.

파레토 법칙이란 투입, 원인, 노력 같은 소소한 부분(약 20%)이 산출, 결과, 보상 같은 커다란 부분(약 80%)을 야기한다는 법칙이다. 투입, 원인, 노력에는 '거의 영향력이 없는 다수'와 '압도적인 영향력을 가진 소수'가 있다. 따라서 원인과 결과, 투입과 산출, 노력과 보상의 관계에 불균형이 생긴다. 그러므로 파레토 법칙에 의거하여 어느 부분이 이익 또는 손실을 내는지 정확하게 파악할 필요가 있다.

파레토 법칙: 사업의 경우

이익의 80%는 20%의 고객에 의해 유지된다.

80 대 20은 어디까지나 기준치로, 80 대 30 등 둘의 합계가 100이 아닌 경우도 있다.

이익　　　고객

비즈니스에 유용한 고전④

『채근담』

Point 1 중세 중국의 처세술

`····································`

『채근담』은 중국 명나라 말기에 홍자성이 쓴 처세술의 명저로, 경영자의 필독서로서 많은 비즈니스 리더의 인생 책으로 꼽히고 있다. 채근(푸성귀 같은 변변치 않은 음식)을 음미하면 깊은 맛이 난다는 고사성어에서 유래한 제목처럼 짧은 글 속에서 인간의 본질적인 통찰을 발견할 수 있는 중국 고전의 걸작이다.

Point 2 정수

`····································`

이 책에는 인간적 매력이나 신뢰 관계 향상법, 조직에서의 처신법이나 균형 감각 등 현대의 사업가에게도 통하는 조언의 정수(精髓)가 담겨 있다. 그 지혜들은 유교·도교·불교의 동양 사상을 바탕으로 도출된 것으로 때로는 엄격하게, 때로는 경쾌하게 처세의 비법을 이야기한다.

Point 3 저자의 청빈

홍자성은 정권 교체기의 정치적 혼란 속에서 살아남은 관리이지만 '남에게 너무 기대하지 말라', '매사에 지나치지 말라' 등의 가르침은 체념에서 나온 것이 아니다. 실패 뒤에야말로 성공이 있다(그 반대도 그러하다)는 '순환 사상'에서 비롯된 긍정적인 것이다. 그러므로 일이 잘 풀릴 때건, 그렇지 않을 때건 깊이 공감되는 말을 찾을 수 있을 것이다. 이 책은 명나라 만력 연간, 지금으로부터 약 400년 전에 쓰였다. '채근'이란 변변치 않은 음식을 말하는데, 그런 가난한 생활을 견디면서 성장한 자만이 장차 큰일을 할 수 있다는 의미도 담겨 있다.

Point 4 삼교를 집대성한 책

유교는 몸을 닦고 집안을 돌본 뒤 나라를 다스리라고 가르치는 '명시적'인 도덕으로, 그것만으로는 숨이 막힌다. 이를 보완한 것이 현세의 이익에 대해 말하는 도교이다. 유교와 도교 모두 인간은 어떻게 살아야 하나, 라는 물음에 롤 모델을 제시해 주었지만, 사람들의 번뇌에 찬 마음을 구제하는 데는 관심을 보이지 않았다. 이를 보완한 것이 인도에서 전래된 불교이다. 모든 번뇌의 근원은 '색(色)'이라고 가르치는 불교의 등장은 사람들의 가치관에 깨끗하고 소박한 삶을 심어주었다. 이 3가지 가르침을 융합하여 인생의 지혜며 처세의 비법을 말한다는 점에서 이 책은 큰 의미가 있으며, 중국을 넘어 일본의 실업가 등에게도 큰 영향을 끼쳤다.

Check

짚고 넘어가자!

경영학 지식

KEY WORD

브레인스토밍

어떤 의제에 대하여 아이디어를 내고 싶거나 문제점을 열거하고 싶을 경우 여럿이 모여 자유롭게 의견을 말하는 방법. 이로써 새로운 발상이 떠오르는 것을 기대할 수 있다. 브레인스토밍에는 몇 가지 룰이 있다. 하나는 타인의 의견을 부정하지 않는 것이다. 의견이 부정되면 부정당한 사람뿐만 아니라 그 자리에 있는 다른 사람도 새로운 아이디어를 내기가 힘들어지기 때문이다. 그리고 다른 하나는 의견의 질보다 양을 중시하는 것이다. 엉뚱한 의견이나 개인적으로 중요하지 않은 듯한 의견도 생각나는 것은 모두 말하여 열거하는 자세가 중시된다. 브레인스토밍 후에는 열거된 정보를 정리하는 과정이 필요하다.

코아 컴피턴스

어느 기업의 활동 분야에 있어 '경쟁사를 압도적으로 능가하는 자사의 강점', '경쟁사가 흉내 내지 못할 핵심적인 특징' 등을 의미한다. 게리 해멀과 C. K. 프라할라드에 의해 고안되어 널리 퍼진 개념이다. '고객에게 특정 이익을 가져다주는 기술, 스킬, 노하우의 집합이다'라고 그들은 설명했다. 둘의 정의에 따르면 코아 컴피턴스는 다음의 3가지 조건을 충족해야 한다. '고객에게 어떤 이익을 가져다주는 자사의 능력', '경쟁자가 흉내 내기 힘든 자사의 능력', '여러 상품·시장으로 나아갈 수 있는 자사의 능력'이 그 조건이다. 구체적인 예로 자동차 산업을 꼽을 수 있는데, 혼다의 엔진 기술이라든지 포드의 매수극이 있기 전 볼보의 안전 기술이 그에 해당한다.

아메바 경영

기업에 속한 직원들을 아메바라 불리는 소규모 그룹으로 나누고 아메바별로 채산을 치밀하게 관리하여 시간당 채산을 최대화하고자 하는 경영 체제. 교세라의 창업자 이나모리 가즈오가 고안했다. 사내를 각 아메바로 나누면 이른바 중소기업의 연합체 같은 회사가 된다고 한다. 2013년을 기준으로 교세라 이외에도 캡콤, JAL 일본항공을 비롯한 300개사 이상이 아메바 경영을 도입했다.

도요타 생산방식

도요타 자동차가 자동차 제조를 통해 확립한 생산관리의 이념·방식이다. 도요타 생산방식의 개념은 크게 '자동화'와 '저스트 인 타임'이라는 2가지 키워드로 집약된다. 특히 '저스트 인 타임'은 필요한 부품을 필요한 때 필요한 만큼 생산한다는 이념으로, '낭비·불균일·무리'라는 배제 요소, '간판 방식'이라는 구체적인 생산관리 방식 등과 더불어 널리 알려져 있다.

기업가치평가

기업 전체의 경제적 가치를 계측하는 방법은 크게 3가지로 구분할 수 있다. 첫 번째 방법은 현금흐름할인법이다. 이것은 잉여현금흐름을 자본비용으로 할인하여 자기자본가치 혹은 기업가치를 계측하는 방법이다. 두 번째는 승수법이다. 이것은 이익, 현금흐름, 순자산 장부가치 등의 변수와 자기자본 시장가치의 관계를 이용하여 계측하는 방법이다. 세 번째는 옵션가치평가법으로 옵션의 성격을 띤 자산을 평가할 때 쓰인다.

비즈니스 교양

교양의 깊이가 라이벌과의 격차를 벌린다.
비즈니스 현장에서 빛나는 깊은 지식을 익히려면
이 책들을 읽어야 한다.

팩트풀니스

우리가 세상을 오해하는 10가지 이유와 세상이 생각보다 괜찮은 이유

저자: 한스 로슬링, 올라 로슬링, 안나 로슬링 뢴룬드 / 역자: 이창신 / 출판사: 김영사

팩트풀니스(factfulness)란 '데이터를 바탕으로 세상을 정확하게 바라보는 습관'을 뜻한다. 생활에 대한 우리의 느낌은 과연 정확할까?

전 세계 인구 중 극도의 빈곤에 처한 사람의 비율은 과거 20년 동안 어떻게 변화했을까? A. 약 2배가 되었다, B. 별로 변화하지 않았다, C. 절반이 되었다. 답은 C이다. 이 물음에 정답을 말한 사람은 세계 평균 7%에 그쳤다. 우리 인간은 생존을 위해 비관적으로 생각하는 본능을 가지고 있다. 그에 반하듯 세상은 데이터상으로는 개선되고 있다.

세계의 실태와 사람들의 오해

선조부터 인간이 가지고 있던, 나쁜 조짐을 놓치지 않기 위해 '드라마틱한 이야기를 좇던 본능'이 세상에 대한 시각을 왜곡했다.

세계의 실태 1

세계의 중소득 국가와 고소득 국가의 인구를 합하면 전체의 91%로, 빈곤층은 9% 내외이다.

세상 사람 대부분이 궁핍한 생활을 하고 있다는 이미지가 강하다. 실제로는 어떨까. 중소득 국가와 고소득 국가를 합하면 전 인구의 91%로, 우리는 서서히 만족스러운 삶을 향해 나아가고 있다. 최빈 수준의 국가라도 평균수명은 62세이며 많은 사람이 먹거리에 부족함이 없고 어느 정도 안전한 수돗물을 마실 수 있다. 부의 분포를 보면 세계는 분단되어 있지 않지만 세계가 분단되어 있다는 이미지는 뿌리 깊다.

실제로는
'작은 진보'의 축적이
세계를 바꾸었다.

세계는 점점 나빠지고
있는 게 틀림없어.

세계의 실태 2

세계의 평균수명은 1973년에 약 60세였던 것이 현재는 약 70세로, 전체적으로 10살이나 늘어났다.

세계의 실태 3

극도의 빈곤 속에서 사는 사람의 비율은 1997년에는 세계 인구의 29%였으나 20년 후인 2017년에는 9%로, 20%나 내려갔다.

02 이기적 유전자

저자: 리처드 도킨스 / 역자: 홍영남, 이상임 / 출판사: 을유문화사

'유전자의 이기성'이라는 관점에서 주장을 전개하여 사상계와 교육계에 큰 논쟁을 불러일으킨 명저이다.

생물이 이타적으로 보이는 행동을 취할 때가 있는데, 그러한 행동이 자신의 유전자가 생존하는 데 유리하게 작용하기 때문이다. 생물이란 유전자가 스스로를 외부의 적으로부터 보호하기 위해 축조한 '생존 기계'에 불과하다. 생존 기계는 다수의 유전자가 포함된 '탈것' 같은 것이다. 유전자는 생존 기계를 갈아타며 잇따라 스스로의 복제를 퍼뜨린다.

유전자의 탈것=생물로서의 인간

먹어도 먹어도 배가 고프네.

오래 살아서 많은 복제(자손)를 남겨 줘.

유전자의 특성은 자기 복제에 있는 셈이지만, 그것은 자기를 복제하는 실체가 우연히 유전자였을 뿐이며 이론상으로는 그 실체가 다른 것이 될 수도 있다. 인간의 문화는 바로 그 실체 중 하나로 볼 수 있다. 저자는 이것을 '밈(meme)'이라고 명명했다. 유전자가 번식할 때는 정자와 난자를 운반체로 삼지만, 밈의 번식은 모방이라고 불리는 과정을 매개로 뇌에서 뇌로 건너간다.

'밈(meme)'을 가진 인간

03 리얼리스트를 위한 유토피아 플랜

우리가 바라는 세상을 현실에서 만드는 법

저자: 뤼트허르 브레흐만 / 역자: 안기순 / 출판사: 김영사

29세의 나이에 유럽의 젊은 사상가로 새롭게 떠오른 네덜란드의 뤼트허르 브레흐만이 광고를 일절 받지 않는 급진적인 웹 미디어로 그려 낸 새 시대의 처방전이다.

인간이 AI 및 로봇과의 경쟁에서 계속 패배하는 것은 중요한 과제이며 향후 그 시급성은 더욱 높아질 것이다. 그 결과 '중산층'은 붕괴하고 빈부의 차는 유사 이래로 가장 크게 벌어지리라. 그에 대한 처방전은 사람들에게 공짜로 돈을 나누어 주는 기본소득을 도입하는 것, 주당 근로시간을 15시간으로 줄이는 것, 그리고 국경선을 개방하는 것이다. 그것이야말로 기계에 '예속되지 않는 길'이다.

1964년 미국

8,500명에게 공짜 돈을 나누어 주었으나 근로시간의 단축 현상은 미미했다.

1973년 캐나다 도핀

1000만 세대에 공짜 돈을 나누어 주었더니 입원 기간이 8.5% 줄어드는 등 긍정적인 효과를 낳았다.

이 책이 기본소득의 도입을 주장하는 배경에는, 현대가 사상 최대의 경제적 번영을 누리고 있음에도 우울증은 늘고 사람들은 사상 최대의 불행에 허덕이고 있다는 문제의식이 있다. 기본소득을 실현하는 데는 많은 과제가 따르지만 지금까지의 역사를 돌이켜 보면 다음의 말이 무게를 더한다. '과거에는 노예제도의 폐지, 여성의 선거권 획득, 동성혼의 허용을 주장한 사람들이 미치광이로 여겨졌다'.

실증된 기본소득

2009년 런던

노숙인 13명에게 3,000파운드의 공짜 돈을 나누어 주었더니 7명이 노숙 상태에서 자력으로 벗어났다.

2008년 우간다

12,000명에게 400달러의 공짜 돈을 나누어 주었더니 수입은 50%, 고용률은 60% 증가하는 효과를 낳았다.

04 생각에 관한 생각

우리의 행동을 지배하는 생각의 반란

저자: 대니얼 카너먼 / 역자: 이창신 / 출판사: 김영사

우리는 잘못된 인식을 바탕으로 결단을 내린다. 이 책은 우리 판단의 상당수가 아주 사소한 일에 좌우된다는 것을 명쾌하게 설명해 나간다.

우리에게는 2가지 사고 모드가 있다. 그중 시스템 1(빠른 사고)은 직감이나 감정처럼 자동으로 발동한다. 일상생활에서의 판단 대부분은 이 시스템 1에 의해 내려진다. 다른 하나인 시스템 2(느린 사고)는 거의 심사숙고라고 불러야 하는 것으로, 의식적으로 노력하지 않으면 작동하지 않는다. 시스템 1의 판단을 물리치고 시스템 2를 가동하는 것은 많은 사람들이 굉장히 어려워한다.

시스템 1이 내리는 직감적인 판단은 대체로 적절하지만 매사를 보다 단순화하여 대답하려는 경향이 있다. 게다가 논리나 통계를 거의 몰라서 전환이 어렵다는 결점이 있다. 이에 반해 시스템 2가 내리는 판단은 치밀하고 정확하여 시스템 1의 충동적 판단을 억제한다. 그러나 시스템 2는 작동이 느려 효율이 떨어지므로 일상을 막힘없이 생활하는 데는 걸림돌이 된다.

2가지 사고 모드

시스템 2는 치밀하고 정확하지만 작동이 느려서 효율이 나쁘다.

돈가스 덮밥은 맛있지만 좀 무거워…. 반면 메밀국수는 담백하지만 좀 부족해….

시스템 2(느린 사고)

🖋 시스템 1의 두 가지 법칙

점화 효과
'바나나'와 '구토'라는, 그 자체에는 관련성이 없는 두 단어를 함께 보면 두 개가 자동으로 이어져 구토의 원인은 바나나라는 인과관계가 형성된다. 이러한 과정을 연상 활성화라고도 한다.

후광 효과
시스템 1은 단편적인 현상을 인식하더라도 저절로 인과관계를 만들어 이해하기 쉬운 일관된 스토리를 거의 언제나 자동적으로 생성한다.

05 정보의 문명학 [情報の文明學]

저자: 우메사오 다다오 / 출판사: 중앙공론신사

1960년대에 정보산업 사회의 도래를 예언했던 우메사오 다다오가 농업에서 공업으로, 그리고 정보산업으로 이행하는 산업의 진전 이미지를 내배엽, 중배엽, 외배엽이라는 발생학적인 비유를 사용하여 설명한다.

'먹는 것'을 중심으로 한 식량 생산 시대로서의 농업사회가 내배엽적인 시대라면 먹기 위해 '잡고', '만드는' 공업사회가 중배엽기다. 그리고 '감각'을 중심으로 한 정보사회가 외배엽기처럼 다가올 거라고 저자는 예언한다. 외배엽이라는 것은 인간의 몸에 빗대자면 뇌신경이나 감각기관을 가리킨다. 따라서 앞으로는 인간의 감각에 호소하는 산업이 번창할 거라고 말한 셈이다.

농업시대에 생산되는 것은 식량. 이 시대는 소화기 계통을 중심으로 한 모든 내배엽 기관을 충족하는 시대로 내배엽 산업 시대라고 부른다.

이 책은 농업사회나 공업사회의 원가계산 원리는 정보산업에 적용할 수 없다면서 가격 결정법으로서 '시주'를 예로 든다. 시주 금액은 승려의 격, 신도의 격으로 결정된다. 이는 현재 인터넷을 통해 유통되는 정보의 가치판단 기준과도 일맥상통한다. 인터넷 정보는 누가 기록했는지, 누가 소개했는지에 따라 정보의 가치가 결정되기 때문이다.

문명의 발생학적 이미지

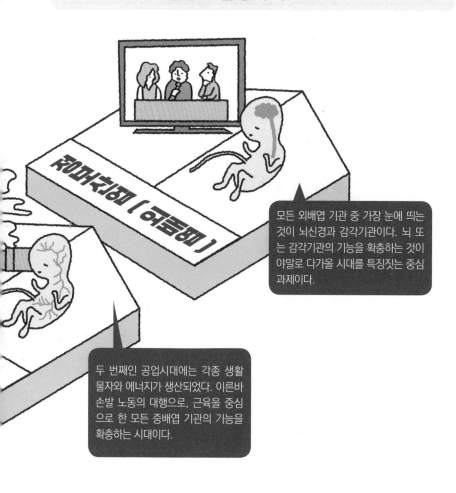

06 호모 루덴스(개정판)

놀이하는 인간

저자: 요한 하위징아 / 역자: 이종인 / 출판사: 연암서가

인간의 문화 그 이전에 '놀이'가 있었다. 저자는 모든 문화가 놀이 속에서 생겨났다고 주장하며 바쁘게 살아가는 현대인에게 놀이의 중요성을 되새긴다.

『호모 루덴스』의 원서가 발간된 때는 1938년이다. 그 후 '놀이'를 둘러싼 논의에서는 이 책을 빼놓을 수 없게 되었다. 이 책을 발전적으로 계승한 것에는 로제 카이와가 쓴 『놀이와 인간』이 있다. 하위징아는 인간이란 '호모 루덴스(놀이하는 인간)'라고 말한다. 놀이야말로 인간 활동의 본질이라는 것이다. 이 명제를 내세우고 그것을 증명하고자 동서고금 속 문화의 기원을 더듬어 놀이의 요소를 발견해 나간다.

'놀이'의 5가지 형식적 특징

① 자유로운 행위이다

② 가공의 세계이다

아래에 있는 일러스트의 정의를 바탕으로 하위징아는 동서고금 속 문화의 숲을 헤치고 들어간다. 인도네시아와 북미 등의 원시 고대사회부터 로마 시대, 중세, 르네상스를 거쳐 산업혁명 이후의 근현대 사회까지, 누구나 충분히 알고 있을 터인 '놀이'를 정의함으로써 시공을 초월한 온갖 문화를 연결하고, 역사학과 민족학, 언어학 등을 가로지르는 독자적인 견지에서 자신의 주장을 증명해 나간다.

07 새무얼 스마일즈의 자조론

저자: 새무얼 스마일즈 / 역자: 김유신 / 출판사: 21세기북스

1859년에 발간된 새무얼 스마일즈의 대표작. 서양인 300명의 성공담을 모은 책으로 현재에 이르기까지 150년이 넘게 꾸준히 읽혀 온 보편적인 명작이다.

'하늘은 스스로 돕는 자를 돕는다'. 이 격언은 150년 넘는 세월을 지나 현대에까지 전해져 내려왔다. 이 짧은 문장에는 인간의 무수한 경험에서 비롯된 어느 진리가 확연히 드러나 있다. 바로 자조 정신이야말로 인간의 진정한 성장에 기초가 된다는 것이다. 1871년, 일본에서도 『서국입지편』으로 출간되어 메이지 시기에 100만부 이상이 팔렸다.

스마일즈는 인생에 한가한 시간 없이 항상 자신을 전진시키라고 이야기한다. 헛되이 보내는 시간 중 단 1시간이라도 좋으니 유익한 목적에 쓰고, 무슨 일이든 정각 15분 전부터 시작하는 것이다. 시간을 바르게 활용하면 자기를 계발하고 인격을 높이며 개성을 키울 수 있다. '시간은 금'이 아니다. '시간은 금 이상'이다.

『자조론』의 4가지 요점

밤낮으로
열심히 제작!

시간 엄수!

목표

마음가짐

가치 창출

『자조론』에서는 재능을 중시하지 않는다. 어느 분야에 뛰어난 사람을 위한 내용이 아니라 우리 일반인들에게 유용한 자기계발서라는 점이 포인트이다.

부자 아빠 가난한 아빠 (20주년 특별 기념판)

저자: 로버트 기요사키 / 역자: 안진환 / 출판사: 민음인

금융 지식의 중요성을 역설하여 돈에 대한 사고방식을 전환하는 현대의 명저이다.

작가이자 대학 강사이기도 한 로버트 기요사키가 돈과의 관계에 대한 철학을 컨설턴트이자 공인회계사인 샤론 레흐트와 함께 논한 책이다. 기요사키는 고학력임에도 수입이 불안정한 자신의 아버지와, 13세 때 학교를 중퇴하고도 억만장자가 된 친구의 아버지 덕분에 구축한 자신만의 독자적인 경제론을 펼친다. 학교 교육으로는 알 수 없는 경제 지식이 담겨 있다.

③ 자신을 위해
사업을 한다

지금 하는 일을 계속하면서 자신이 그 자리에 없어도 수익이 나는 사업(주식, 부동산 등 자산)에 출자한다.

② 돈의 흐름을
읽는 법을 배운다

자산(수입을 낳는 부동산, 금융자산 등)을 불리고 부채(소유 주택, 자가용 등)를 배제한다.

① 부자들은 돈을
위해 일하지 않는다

부자들은 '돈이 자신을 위해 일해 주는 구조'를 가지고 있다.

기요사키는 부자 아빠와 가난한 아빠의 '공부', '교육', '일', '돈' 등에 관한 생각을 비교하며 돈이 안 되는 일을 버리고 자산을 얻기 위해서는 어떻게 하면 좋은지 자신의 체험을 더하여 이야기한다. '내일 하자고 미루는 마음이야말로 자신을 무능하게 만든다', '파산과 가난은 다르다. 파산은 일시적으로 돈이 없는 상태이지만 가난은 평생 지속된다', '돈에 대한 욕망과 공포를 가중하는 것은 무지이다' 등 교훈이 되는 명언이 많이 나온다.

부자 아빠의 '6가지 교훈'

⑥ 돈을 위해서가 아니라 배우기 위해서 일한다

부자들은 다양한 경험을 통해 배운 것을 활용한다. 그중에서도 세일즈와 마케팅 지식은 중요하다.

⑤ 부자들은 돈을 만든다

시장을 잘 파악한 다음, 시대의 흐름에 맞추어 스스로 투자 대상을 만들고 배짱 좋게 도전해 나가는 것이 중요하다.

④ 회사를 만들어 절세한다

일반 회사원들은 세금을 낸 뒤 돈을 쓰지만, 경영자는 회사(자신)에 필요한 것을 구입한 뒤 세금을 내기 때문에 절세가 된다.

반면, 가난한 아빠들은 회사의 오너를 위해, 정부에 세금을 내기 위해, 그리고 은행 빚을 갚기 위해 계속 일한다.

장르 심리   초판 발행 2021년

09 동기와 성격 (제3판)

인간 본성에 대한 탁월한 통찰

저자: 에이브러햄 매슬로 / 역자: 오혜경 / 출판사: 연암서가

'욕구계층설'을 주장한 심리학자 매슬로의 불세출의 명작이다. 욕구계층설은 인간의 동기를 설명하는 논리적인 틀이 되었다.

매슬로가 등장하기 이전, 심리학은 정신적으로 아픈 사람을 대상으로 한 연구였다. 그러나 이 책에서 매슬로는 인간의 긍정적인 측면을 강조함으로써 정신분석, 행동주의에 이어 제3의 심리학이라고 불리는 '자아실현'의 개념을 제창했다. 매슬로에 의하면 인간에게는 '생리적 욕구'를 비롯한 5단계의 '기본적 욕구'가 있는데 맨 위에는 '자아실현 욕구'가 있다고 한다.

욕구의 5단계(피라미드)

소속감과 애정 욕구
(Social Needs /
Love and Belonging Needs)

생리적 욕구
(Physiological Needs)

자아실현 욕구를 충족할 수 있는 사람은 매우 적다.

자기실현론, (매슬로의) 욕구단계설, 욕구 5단계설 등 다양한 명칭으로 불리는 매슬로의 이론을 이미지화하면 피라미드 모양의 계층을 이루는데 보다 고차원적인 욕구가 위에, 보다 원시적인 욕구가 아래에 오도록 배치된다. 아랫부분의 4가지 욕구를 결핍욕구, 맨 윗부분의 자기실현 욕구를 성장욕구라고 하며 그 둘을 질적으로 다른 것으로 구분한다.

자아실현 욕구
(Self-actualization Needs)

존경 욕구
(Esteem Needs)

안전 욕구
(Safety Needs)

실패에서 성공으로

저자: 프랭크 베트거 / 역자: 최염순 / 출판사: 씨앗을뿌리는사람

시합 중 팔이 부러져 선수 생명이 끊긴 대(大) 메이저 리거가 어느덧 최고의 세일즈맨이 되기까지 반평생에 걸친 기록을 담았다. 1964년에 원서 초판이 출간된 이래 현재에 이르기까지 중판을 거듭한 '영업의 바이블'이다.

이 책에 대해 데일 카네기는 절묘하게도 '이 책은 보험 판매원뿐 아니라 모든 세일즈맨에게 유익한 부분이 아주 많아 프랭크 베트거의 사후에도 오랫동안 사라지지 않고 공헌할 것이다'라고 평했는데, 이 말은 그들의 사후에 확실히 실현되었다고 할 수 있다. 60년대에 쓰인 이 책은 번역판이 발간된 후 현재에 이르기까지 증쇄를 거듭했으니까.

베트거식 영업 비법 3계명

비법 ① 열의를 갖고 판다

'큰 소리로 끝까지 또박또박 말한다', '자신감 넘치는 표정을 짓는다', '손짓 발짓을 사용한다' 등 '열의 있는 행동'을 의도적으로 취한다.

자잘한 영업 기술에 대해 쓰인 경영서가 범람하는 가운데 이 책이 이야기하는 것은 영업 사원으로서 가장 중요한 마음가짐이다. 역시 카네기에게 감화를 받은 저자인 만큼 한 인간으로서의 고객을 어떤 방식으로 대하고, 그들의 마음을 어떻게 이끌어 낼 것인가 하는 점이 상세하게 쓰여 있다. '25년간 4만 번, 사람들을 찾아 상담했다'라는 저자의 엄격한 태도가 분명 독자를 고무할 것이다.

비법 ③ 자신의 행동을 기록한다

그날 만난 사람, 내근 시간, 외근 시간, 전화에서 상담 약속으로 이어진 횟수 등을 가급적이면 기록한다.

비법 ② 질문을 한다

질문을 하여 고객의 문제점을 찾고, 고객의 입장이 되어 그에 맞는 제품을 열정적으로 권한다.

11 플레인 토크 (Plain Talk)

혁신가로부터 배우는 교훈

저자: 켄 아이버슨 / 출판사: 존 와일리 & 선즈

미국의 초우량 철강기업 뉴코(Nucor)의 구세주로 알려진 켄 아이버슨이 놀랍도록 심플한 비즈니스 원칙을 공개한다.

벽촌의 제철소에서 시작하여 미국 굴지의 철강기업으로 우뚝 서 업계 선두주자를 공포에 떨게 만든 뉴코. 이 회사를 이끄는 역전의 CEO가 바로 이 책의 저자 아이버슨이다. 저자는 현상에서 위험을 감수하며 땀을 흘리는 직원들에 대한 존경심을 잊지 않고 철공소의 분주한 근로 환경을 자랑스럽게 여긴 인물이다. 한 명의 정리해고(lay-off)도 없이 대불황을 극복한 그의 철학을 공개한다.

신화 ①

뉴코의 직원 7,000명은 철강 업계에서 가장 높은 급여를 받는다. 그럼에도 불구하고 생산된 철강 1톤당 인건비는 최저이다.

신화 ②

포춘 500에 이름을 올렸으나 본사 근무 직원은 고작 22명이다. CEO부터 공장 근로자까지 관리계층은 겨우 4단계이다.

'포춘 500(미국의 경제전문지 『포춘』이 매년 발표하는 미국 최대기업 500개)'의 CEO 중 가장 소득이 낮은 것을 자랑하는 인물이라면 아이버슨 외에 없으리라. 직원들의 존경을 한 몸에 모으고 경영학자나 비즈니스 컨설턴트의 의표를 찔러 전 세계에 '뉴코 탐방'을 일으킨 일화는 그의 착실한 성품을 보여 준다.

뉴코의 4대 신화

신화 ④

고정 시급 및 급여는 업계 평균의 66-75%이며, 나머지 임금은 실적에 따라 달라지는 조건부 보너스이다. 그렇지만 결과적으로는 업계 최고 수준의 급여로, 인력 부족에 시달린 적이 없다.

신화 ③

과거 25년간 2명에 1명꼴로 실직한 구조적 불황 업종임에도 불구하고, 정리해고와 공장 폐쇄 없이 30년 이상 모든 영업 분기에 있어 흑자 결산을 이어가고 있다.

착실함이 제일!

포스트 자본주의 새로운 시작

저자: 폴 메이슨 / 역자: 안진이 / 출판사: 더퀘스트

정보기술은 시장을 소멸시키고 재산을 파괴하며 노동과 임금의 관계를 파괴할지도 모른다고 저자 폴 메이슨은 말한다.

러시아의 경제학자 콘드라티예프가 제창한 장기순환은 50년 주기의 경제순환으로, 원래대로라면 현재 5번째 순환이 시작되었어야 한다. 그러나 5번째 순환의 기세는 둔화된 상태다. 그 원인은 신자유주의와 정보기술의 특성에 있다. 정보기술을 기반으로 비용과 가격을 한없이 0으로 몰고 가는 경제는 자본주의와 공존할 수 없다. 자본주의는 적응 능력의 한계를 맞이한 것이다.

④ 정보기술

정보기술에 의해 정보 경제와 지식 사회가 실현되었다. 네트워크 기술은 시장 거래 이상으로 비시장 거래에 영향을 주어 경제생활 전체를 시장 밖 협동 생산이라는 영역으로 확대했다.

사용하실 수 없습니다.

계산!

자본주의가 멸망한다는 예감은 과연 합리적일까. 이를 검증하기 위한 4가지 요소로 명목화폐, 금융화, 국가 간 불균형, 정보기술이 꼽힌다. 신자유주의는 당초에 이 요소들 덕분에 번영했지만 이제는 붕괴되기 시작했다. 정보기술이 시장을 소멸시키고 재산을 파괴하며 노동과 임금의 관계를 붕괴하는 것이다.

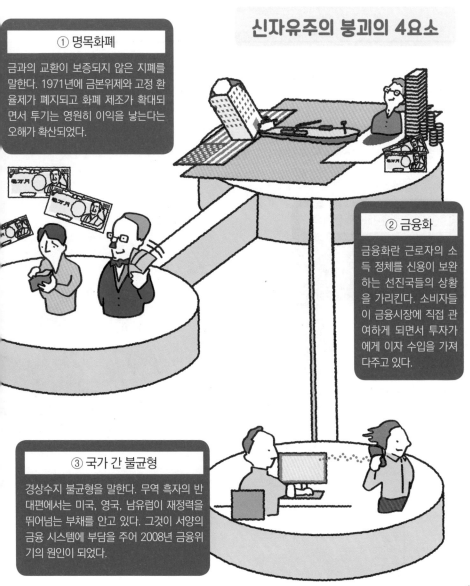

신자유주의 붕괴의 4요소

① 명목화폐

금과의 교환이 보증되지 않은 지폐를 말한다. 1971년에 금본위제와 고정 환율제가 폐지되고 화폐 제조가 확대되면서 투기는 영원히 이익을 낳는다는 오해가 확산되었다.

② 금융화

금융화란 근로자의 소득 정체를 신용이 보완하는 선진국들의 상황을 가리킨다. 소비자들이 금융시장에 직접 관여하게 되면서 투자가에게 이자 수입을 가져다주고 있다.

③ 국가 간 불균형

경상수지 불균형을 말한다. 무역 흑자의 반대편에서는 미국, 영국, 남유럽이 재정력을 뛰어넘는 부채를 안고 있다. 그것이 서양의 금융 시스템에 부담을 주어 2008년 금융위기의 원인이 되었다.

죽음이란 무엇인가

예일대 최고의 명강의

저자: 셸리 케이건 / 역자: 박세연 / 출판사: 웅진지식하우스

'메멘토 모리(죽음을 기억하라)'라는 말이 있다. '죽음'에 대해 생각하는 것은 '삶'에 대해 생각하는 것이기도 하다.

인간은 확실히 '놀라운 물체'이지만 유형물이라는 의미에서는 기계와 다르지 않다. 육체가 죽으면 그 사람은 소멸한다. 죽음이 나쁘게 여겨지는 가장 큰 이유는 앞으로 좋은 일이 일어날 가능성이 '박탈'되기 때문이다. 그러나 불사(不死)는 좋은 것이 아니다. 우리가 진정 원하는 건 자신이 만족할 때까지 사는 것이다. 타당한 이유가 있고 필요한 정보도 주어졌으며 자신의 의사에 따라 행동했다면 자살이라는 선택지가 정당할 수도 있다.

① 영혼은 존재하지 않는다

물리주의적 관점에서 보면, 정신 활동은 부정할 수 없지만 영혼은 존재하지 않는 셈이다.

'자살이 정당할 때도 있다'라는 것이 저자가 내린 결론이다. 물론 안이하게 자살을 받아들이면 절대 안 되고, 특정한 상황으로 인해 자살 욕구에 사로잡혀 있을 가능성도 고려해야 한다. 그러나 타당한 이유가 있고 필요한 정보도 주어졌으며 자신의 의사에 따라 행동했다면 그 사람의 자살은 정당할 수 있다고 말한다.

'메멘토 모리(죽음을 기억하라)'

③ 죽음의 옳고 그름에 대해

죽는 것이 나쁘게 여겨지는 이유는 인생에 있어 좋은 일이 일어날 가능성이 '박탈'되기 때문이다. 이러한 생각을 박탈 이론이라고 한다. 박탈 이론에 대해서는 몇몇 이견도 있지만, 그래도 종합적으로 생각하면 박탈 이론이야말로 타당한 듯 보인다.

영혼은 나 자신인가?

이 사람의 인생은 많은 가능성으로 가득 차 있었지.

② 자신은 '육체'에 깃들어 있다

죽음에 대해 생각하는 일이 골치 아픈 이유는 역설적으로 '애초에 계속 산다는 건 무엇을 의미하는가'라는 의문과 맞닥뜨리게 되기 때문이다. 이 문제에 대한 입장은 '영혼설', '육체설', '인격설'의 3가지가 있다.

슈퍼인텔리전스

경로, 위험, 전략

저자: 닉 보스트롬 / 역자: 조성진 / 출판사: 까치

인간을 능가하는 지능을 가진 AI. 그것은 어떻게 출현하며 그로 인해 무엇이 일어나는가. 그리고 인류는 AI를 제어할 수 있는가.

저자 보스트롬이 '슈퍼인텔리전스'라고 정의하는 것은 AI뿐만이 아니다. 인간의 뇌를 정밀하게 스캔하여 모방하는 전뇌 에뮬레이션, 유전자 조작으로 만들어진 초인적인 뇌 등도 포함된다. 그러나 가장 빨리 실현되는 것이 AI의 진화 형태로서의 슈퍼인텔리전스일 거라는 게 저자의 생각이다.

슈퍼인텔리전스란?

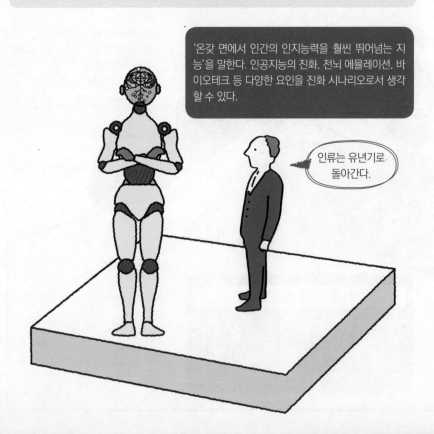

'온갖 면에서 인간의 인지능력을 훨씬 뛰어넘는 지능'을 말한다. 인공지능의 진화, 전뇌 에뮬레이션, 바이오테크 등 다양한 요인을 진화 시나리오로서 생각할 수 있다.

인류는 유년기로 돌아간다.

공기의 연구

일본을 조종하는 보이지 않는 힘에 대하여

저자: 야마모토 시치헤이 / 역자: 박용민 / 출판사: 헤이북스

일본 사회를 지배하는 거대한 역학, 그것이 '공기'이다. 이 공기의 정체를 밝힌 역사적인 명저가 이 책이다.

'무의식중에 어쩐지 특정 방향으로 향하게 하는 그 자리의 압력'. 저자는 '공기'에 대해 이렇게 설명했다. 협의나 회의, 현장, 데스크 등등 이런 역학이 발생하는 상황을 누구든 경험해 봤을 터이다. 그에 따라 일이 척척 굴러갈 때도 있는가 하면 누구의 제지도 없이 사태가 악화되어 갈 때도 많다. 이러한 일본 사회의 특성을 이해하는 것이 비즈니스에서는 중요하다.

'공기'의 발생 경로

비즈니스에 유용한 고전⑤

『풍자화전(風姿花傳)』

Point 1　내력

제아미가 남긴 21종의 저서 중 맨 첫 번째 작품. 선친 간아미의 가르침을 바탕으로 일본의 전통 가무극 노(能)의 수행법·소양·연기론·연출론·역사·노의 미학 등 제아미 자신이 터득한 예술적 시점에서의 해석을 더했다. 완성 시기는 15세기 초엽으로, 전 7편으로 구성되어 있으며 앞의 세 편이 오에이 7년(1400년), 나머지가 그 후 약 20년에 걸쳐 집필·개정된 것으로 보인다.

Point 2　가장 오래된 연극론

'그윽함', '흉내', '꽃' 등 예능의 진수를 의미하는 표현들은 이 책에서 비롯되었다. 가장 오래된 노 이론서이자 일본에서 가장 오래된 연극론이라고도 할 수 있다. 20세기에 접어든 메이지 42년(1909년) 무렵부터 많은 사람이 읽게 되었으나, 그 전에는 노의 한 종파인 나라 곤파류의 종가에 대대로 전해 내려오는 '비전서'의 형태였기에 그 존재조차 거의 알려져 있지 않았다.

Point 3   꽃

저자 제아미는 예술에서 가장 중요한 부분, 일생일대의 장면 같은 것을 '꽃'으로 표현하고 『풍자화전』 속에서 그 중요함을 이야기한다. 말로는 전하기 힘든 '꽃'을 다양한 표현으로 설명한다. '감추어야 꽃'이라는 유명한 구절이 있는데, '꽃'은 드러내는 게 아니라 자기 안에 감추어 두는 것이라고 말한다. 또 '꽃'인지 아닌지는 상대가 결정하는 것이며 그에 도달하기 위해 예술에 대한 노력과 연구를 게을리하면 안 된다고도 했다. 그래야 상대나 그 자리에 맞춘 예술을 제공할 수 있고 상대의 마음에 '꽃'을 피울 수 있다. 이 꽃은 비즈니스 현장에서도 결정적인 순간 도움이 될 것이다.

Point 4   초심을 잃지 말 것

누구나 들어 본 적이 있을 이 말은 제아미가 생각해 낸 것이다. 지금은 '처음 품은 뜻을 잊으면 안 된다'라는 의미로 쓰이지만, 제아미가 의도한 바는 조금 다르다. 제아미에게 있어 '초심'이란 새로운 사태에 직면했을 때의 대처법, 이른바 시련을 극복해 나가는 마음가짐을 의미한다. 즉, '초심을 잃지 말라'란 인생에 시련이 닥쳤을 때 어떻게 그 시련을 극복해 왔는지 그 경험을 잊지 말라는 뜻이다. 제아미는 『풍자화전』을 비롯한 저서에서 종종 '초심'에 대해 말하는데 60세 넘어 쓴 『화경(花鏡)』 속에서도 자신의 생각을 말하고 있다.

Check

비즈니스 교양

KEY WORD

이기적 유전자

이기적 유전자론이란 진화학에서의 비유 표현 및 이론 중 하나로, 자연선택이나 생물진화를 유전자 중심의 시점에서 이해하는 것이다. 유전자선택설도 거의 같은 것을 가리킨다. 1970년대의 혈연선택설 및 사회생물학이 발전함에 따라 조지 윌리엄스, 에드워드 윌슨 등에 의해 제창되었다. 영국의 생물학자이자 작가인 리처드 도킨스가 1976년에 『이기적 유전자』로 설명한 것이 널리 받아들여지는 계기가 되었기에 도킨스는 대표적인 논자로 여겨지게 되었다. 도킨스를 비롯한 유전자선택론자는 선택이나 도태는 실질적으로는 유전자에 작용하는 것이라고 생각한다.

콘드라티예프 순환

약 50년 주기의 경기순환. 장기파동이라고도 불린다. 러시아의 경제학자 니콜라이 드미트리예비치 콘드라티예프에 의한 1925년의 연구로 그 존재가 주장되었기 때문에 슘페터는 '콘드라티예프 파동'이라고 불렀는데, 그 요인으로 그는 기술혁명을 꼽았다. 첫 번째 파동인 1780-1840년대는 방적기와 증기기관 등의 발명에 따른 산업혁명, 두 번째 파동인 1840-1890년대는 철도 건설, 1890년대 이후인 세 번째 파동은 전기, 화학, 자동차의 발달로 발생했다고 슘페터는 생각했다. 이 순환의 요인으로 전쟁을 꼽는 설도 있다.

메멘토 모리

라틴어로 '자신이 (언젠가) 반드시 죽는다는 사실을 잊지 말라', '죽음을 잊지 말지어다'라는 의미의 경구. 예술 작품의 모티브로 널리 쓰인다. 원래 '언젠가는 죽으므로 오늘을 소중하게'라는 의미가 강했으나, 기독교인에게 있어 죽음은 현세에서의 즐거움·사치·공훈이 공허하고 허무함을 강조하는 것이기에 내세를 상상하는 동기가 되었다.

인본주의 심리학

주체성, 창조성, 자아실현 등 인간의 긍정적인 측면을 강조하는 심리학의 한 조류. 휴머니스틱 심리학이라고도 부른다. 앞선 두 심리학파에 이어 1960년 전후에 탄생했다. 제창자 에이브러햄 매슬로는 제1세력인 정신분석, 제2세력인 행동주의에 이어 제3세력의 자리에 인본주의 심리학을 앉혔다.

자기실현론

인본주의 심리학의 제창자 매슬로는 인간을 '자기실현을 향해 끝없이 성장한다'라고 가정하고 인간의 욕구를 5단계의 계층으로 이론화했다. 자기실현론 외에 욕구단계설, 욕구 5단계설이라는 명칭으로도 불린다. 5계층 이론은 피라미드 모양으로 시각화되는데, 높은 층에는 높은 수준의 욕구가 배치되고 아래층으로 갈수록 낮은 수준의 욕구로 구성된다. 참고로 매슬로의 저서에 피라미드 계층이라는 언급은 없다.

게재 용어 색인

🏐 주요 참고 문헌

『비즈니스 명저 대전(ビジネス名著大全)』
하시모토 다다아키 저(니혼게이자이신문 출판)

『1일 30분, 달인과 읽는 비즈니스 명저(1日30分 達人と讀むビジネス名著)』
니혼게이자이신문 저(니혼게이자이신문 출판)

『죽기 전에 한 번은 읽고 싶은 비즈니스 명저, 280개의 말(死ぬまでに一度は讀みたいビジネス名著280の言葉)』
시란 유우 저(간키출판)

『내일부터 써먹을 수 있는 세계의 경영서를 줄거리로 읽는다(明日使える世界のビジネス書をあらすじで讀む)』
미즈노 도시야 저(TO북스)

『성공 독서술, 비즈니스에 활용할 수 있는 명저 읽는 법(成功讀書術 ビジネスに生かす名著の讀み方)』
도이 에이지 저(고마북스)

『미국 CEO가 뽑은 비즈니스 명저 100(アメリカCEOのベストビジネス書100)』
잭 커버트, 타드 새터스턴 저(고단샤)

『보는 것만으로도 알 수 있는! 경영서 도감(見るだけでわかる!ビジネス書圖鑑)』
글로비스 저(디스커버21)

エリートの教養が2時間で身につく！ビジネス名著100見るだけノート

by 平野 敦士 カール

Copyright © 2020 by Carl Atsushi Hirano
Original Japanese edition published by Takarajimasha, Inc.
Korean translation rights arranged with Takarajimasha, Inc. through Duran Kim Agency, Seoul.
Korean translation rights © 2023 by PENCILPRISM, Inc.

하룻밤에 독파하는 필수 경영지식 A to Z! 보이는 노트 비즈니스 명저 100

히라노 아쓰시 칼 감수

하룻밤에 독파하는 필수 경영지식 A to Z!

보이는 노트 비즈니스 명저 100

펴 낸 날 | 1판 1쇄 2023년 7월 28일

감　　수 | 히라노 아쓰시 칼
옮 긴 이 | 정혜원

펴 낸 곳 | 데이원
출판등록 | 2017년 8월 31일 제2021-000322호
편집부(투고) | 070-7566-7406, dayone@bookhb.com
영업부(출고) | 070-8623-0620, bookhb@bookhb.com
팩　　스 | 0303-3444-7406

보이는 노트 비즈니스 명저 100 ⓒ 히라노 아쓰시 칼, 2023

ISBN 979-11-6847-194-8 (13320)